Schriften aus der Gottesfreund-Literatur

2. Heft

Merswins Vier anfangende Jahre
Des Gottesfreundes Fünfmannenbuch

(Die sogenannten Autographa)

Herausgegeben

von

Philipp Strauch

Max Niemeyer Verlag

Halle (Saale)

1927

Druck von Karras, Kröber & Nietschmann, Halle (Saale)

Inhalt.

Seite

Einleitung V

Die Schreibung in den drei sogenannten Autographen VII

Texte.

I. Rulman Merswins Buch von den vier Jahren seines anfangenden Lebens 1

II. Des Gottesfreundes Fünfmannenbuch 28

Berichtigungen und Ergänzungen 83

Drei Tafeln in Lichtdruck . . . . hinter 83

Von besonderer Bedeutung für die Gottesfreundfrage ist die Wertung der drei sogenannten Autographa, die von Merswins Neun Felsen (NF) und Vier Jahren (VJ), sowie von des Gottesfreundes Fünfmannenbuch auf uns gekommen sind. Das Buch von den Neun Felsen hat C. Schmidt, Leipzig 1859, herausgegeben, seiner Ausgabe auch ein Faksimile (NF 15, 30—16, 18) beigefügt, dem K. Rieder, Der Gottesfreund vom Oberlant, Taf. 4 ein weiteres: Bl. 6ª (nicht 9ª = NF 11, 20—12, 21) anschloß (s. unten Taf. 1). Eine Kollation des Schmidtschen Abdrucks gab ich in der Zeitschr. f. deutsche Phil. 34, 267 ff.

Das Autograph von Merswins Vier Jahren, herausgegeben von C. Schmidt, Die Gottesfreunde im 14. Jh., Jena 1854, S. 56—76, ist dem sogenannten Briefbuch in der Hs. 2185 des Bezirksarchivs des Unter-Elsaß als Bl. 33—40 einverleibt; es ist ein Papier-Quatern in 4° und deckt sich genau mit dem Format des NF-Autographs, mit dem es auch die graphischen Eigentümlichkeiten gemein hat. Ein gutes Faksimile des ersten Blattes (Bl. 33ª, Neudruck 3, 1 — 5,4) bei Jundt, R. Merswin, Paris 1890, Taf. 1[1]) (s. unten Taf. 2).

Das Autograph des Fünfmannenbuchs (FM) umfaßt Bl. 4—11ª der oben erwähnten Hs. 2185; es ist dem sogenannten Briefbuch an bezeichneter Stelle eingefügt worden, wie an späterer das Manuskript der VJ Merswins.

---

[1]) Den gleichen Schriftduktus wie NF und VJ zeigen auch einzelne Korrekturen und Einfügungen in das einst Merswins Frau zugehörige Exemplar des Zweimannenbuches, hg. von Lauchert.

Der Text steht auf vier Folio-Doppelblättern (Papier); die letzte Seite, ursprünglich unbeschrieben, hat nachträglich von anderer Hand Einträge erhalten, s. das Faksimile bei Rieder a. a. O. Taf. 3[a]. Ein gutes Faksimile von Bl. 5[a] (Neudruck 35, 34—36, 36) bei Rieder a. a. O. Taf. 5, von Bl. 9[b] (Neudruck 67, 5—70, 31) bei Jundt a. a. O Taf. 2 (s. unten Taf. 3). Schmidt hat im zweiten Abdruck (NvB S. 102—138) die diakritischen Zeichen über *e, o, v* z. T. anders behandelt als in dem früheren in den Gottesfreunden (S. 79—119); auch sonst sind manche Ungenauigkeiten bei Schmidt zu berichtigen. — Ganz vereinzelt habe ich anmerkungsweise die Hs. 955 der Stiftsbibliothek zu SGallen herangezogen, die S. 274—348 eine Abschrift des FM in kürzender Gestalt enthält, s. Scherrers Verzeichnis S. 358; Vorlage war der in das Johannitermemorial aufgenommene Text. — Die Schriftzüge in FM sind auf den ersten Blick durchaus verschieden von denen in NF und VJ. Die beiden Alphabettafeln bei Jundt a. a. O. Taf. 3 bieten lehrreiches Material zur Veranschaulichung der Fälschung.

Ich habe schon in der Zeitschr. f. deutsche Phil. 34, 259 auf eigenartige Schreibungen, auf die oft sonderbare Zerlegung mit Präfix versehener und komponierter Wörter in NF aufmerksam gemacht. Ebenso verfahren VJ und FM, wenn erstere *fv́r gas, fv́r wegenlich, vir nvmft, zv̂r bleget, vnder scheides, gegen wertig, anne fanges, anne better, mannig faltig, bilde rich* schreiben, FM es ebenso hält und Schreibungen wie *semft mv̊tiger, geoffen boret, sagker mente, appet gette* bietet. Vgl. auch *in der willen(t)* = *underwilen* NF 27, 13. FM 33, 19f; der häufige *n*-Ausfall in *grv̂ndelos* ist NF und FM gemeinsam; den Doppelschreibungen *sagagen, kristententenliche, erneneschliche, einigestest, liddendende* in NF steht nur *ziteten* VJ 10, 4 gegenüber; in FM begegnen solche Verschreibungen nicht.

Die Schreibung in den drei sog. Autographen.[1])

Vokalismus.

a ist erhalten in *van, fan* in allen drei Texten, einige Male auch *von, fon* in NF, VJ, das FM kaum kennt. — *antwedders* begegnet einmal in NF (119, 20). — Bis auf NF 76, 17 (*Lúccefer*) nur *Lúccefar* NF 50, 30. 112, 30. 131, 16 und sonst, desgleichen in verschiedenen Schriften des Gottesfreundes (NvB 190, 27. 28. 191, 19. 273, 14), dagegen *Lucifer* in Merswins Bannerbüchlein 393. 398.

Für FM ist charakteristisch die fast typische Verwendung von *a* in Ableitungs- und Flexionssilben; sie findet sich so häufig auf jeder Seite, daß Beispiele unnötig sind. Keine Ableitungs- oder Flexionssilbe, deren Vokal nicht durch *a* bezeichnet werden könnte; in der ersten Hälfte begegnet dies *a* noch häufiger als in der zweiten. Auch in die Wurzelsilbe dringt *a* gelegentlich ein, so in die Pronominalform *dar* = *der* (z. B. 31, 3. 32, 23. 28); vereinzelt auch *wamme* = *weme* 44, 29. — Vgl. Zeitschr. f. deutsches Altertum 25, 107; Anz. f. deutsches Altertum 6, 206 Anm.

a für *o*: *far* NF 16, 21 neben sonstigem *for*, falls nicht *far* an erster Stelle für *fan* verschrieben ist; außerdem *gewart* = *geworht* NF 7, 8. 91, 2, *gewarthent* = *geworhten* NF 114, 30. — Neben *so* : *sa* FM 66, 7. 9. — *a* für *au*: *Agvstinus* FM 68, 28.

ă Die Schreibung *ă* zeigen *Păwel* FM 71, 12 ff. *thăweler* VJ 5, 34.

e für *a* in schwach betonten Wörtern wie *men* NF, VJ, dagegen bis auf 71, 20 in FM nur *man*; *der- (zů, us, gegene, nidder, umbe, van)*; *wer- (zů, umbe, an)*; sodann *erbeit* neben *arbeit*, *entwurte*

---

[1]) VJ und FM sind nach diesem Neudruck zitiert.

sind den drei Texten gemeinsam. Über *mege, mehte* s. Konjugation.

e = *æ* gemeinsam.

e neben *ei*: *bedde* gemeinsam; neben *heilig, heillig*, das VJ bevorzugt, schreibt NF mit Vorliebe *helgen, hellig, gehelget*; FM dagegen bedient sich nur der Schreibung mit *ei*.

e gibt *ö (o)* und *œ* wieder: allgemein. *ferthe, ferthende* sind NF eigentümliche Schreibungen, während VJ und FM nur *forthe, fúrthe, fúrthende* kennen. In *frelliche* mischen sich in den drei Texten *frœliche* und *fre(vē)liche*, s. Lauchert, Zweimannenbuch S. 5 Anm. u. S. 19 Anm.

e = *œ* = *üe* (Weinhold AG § 122. 125): *weste, westen, fúrwestet* in allen drei Texten (NF 62, 27. 63, 9. 11; VJ 23, 34 f. 24, 4. 18. 25, 2; FM 32, 3, vgl. auch erstes Heft V 81, 8). Da nach *w* der *u*-Laut regelmäßig unterdrückt wird (s. unten unter *u* und *w*) möchte Baesecke auch die Schreibung *weste* usw. in *uueste(n), fúruuestet* auflösen. Immerhin bleibt die vereinzelte, aber konsequent durchgeführte Schreibung *weste* = *wüeste* auffallend; zudem geben die Hss. den Diphthong fast durchweg mit *v̊* wieder.

ĕ In allen drei Texten ist die Schreibung *ĕ* beliebt; für NF vgl. Zeitschr. f. deutsche Phil. 34, 259. Für *e* soll sie, falls nicht Willkür mit hineinspielt, wohl nur eine Lautfärbung bedeuten: *gehĕbet, beschĕhe, mĕge* (NF) — *lĕsen, behĕbe* — *schĕdeliche.*

ĕ = *œ* in NF sehr beliebt: *nĕthe, hĕren, getrĕsten, bĕse*, VJ *grĕse, bĕse*, FM fast nur in den Formen von *bĕse.*

ĕ = *eu (öu)*: gemeinsam: *frĕde(n), gedĕfet, úrzĕget, glĕbig.*

Vereinzelt steht VJ 6, 10 *ĕbete* für *ůbete*, 14, 20 *zwĕgen* für *zweigen* = *zwein.*

eew Die Schreibung *eew*, namentlich häufig in *eewig, eewiklich, eewikeit*, ist den drei Texten gleich geläufig. Für NF vgl. Zeitschr. f. deutsche Phil. 34, 259.

i steht gemeinsam in schwacher Silbe, vgl. *eigin*,

eiginschaft, inist = *enist, ketthin*, in Stammsilben im Wechsel mit *ie*: *fillent* neben *fielent, hilte, liht* und *lieht, firden, schire, triggende* neben *triegende*; stets *ging, fing, hing.*

ie neben kurzem *i*: *bliebent, gestiegent, geschrieben, spiel, fiel* FM 32, 33 gegenüber sonstigem *fil, vil*; in VJ, FM besonders häufig im Demonstrativpronomen *diser*: *diese, dieseme, diesan.* Auch hier im allgemeinen Übereinstimmung in den drei Texten. FM 45, 34 *riethende* für *rihtende* wird nur Schreibfehler sein.

ie für langes *i* im Possesivpronomen *dîn* ist in den drei Texten gleich beliebt. In NF ist zuerst *diene* usw. häufiger, dann *dinne*, endlich wieder *diene.* Dagegen treten nur ganz vereinzelt die Schreibungen *miene* NF 128, 5. 6, *sienen* NF 119, 34? (s. Zeitschr. f. deutsche Phil. 34, 268, wo aber 119, 34 statt 32 zu lesen ist), *siema* FM 62, 8 auf. — Außerdem gelegentliche Schreibungen wie *lieb* = *lîp* NF 48, 33. 51, 32. 60, 13, *ieserin* VJ 8, 9, *wiese* FM 39, 30. 57, 7, *geliedest* FM 43, 28.

o neben *a* ist in den drei Texten so häufig, daß es keiner Beispiele bedarf.

Dunkelnder Einfluß des vorangehenden *w*: *woste* (Prät.): gemeinsam.

o für *u*: *Agostinus* (?) FM 68, 28.

o neben *ou*: *urlob, irlobet, glob(b)e, och*: gemeinsam.

o für *uo*: *uswos* FM 63, 5.

o in der Ableitung in NF, VJ, FM: *criston* (Dat. *cristonme*) neben seltenerem *cristen*; vereinzelt *cristanglōben* FM 63, 34.

ō bezeichnet in NF gelegentlich *ou* und seinen Umlaut: *hōbet, gezōwelin.*

oe begegnet als gelegentliche Schreibung für *ô* = *â*: *boebest* NF 21, 13 ff., *boetent* NF 21, 29.

Eigenartig ist die gemeinsame, fast konsequent durchgeführte Schreibung *(jung)froewe(n)*, sowohl für das Subst. wie für das Verb 'freuen'; NF 119, 29 auch *anschoewende.* — Über *doeder* = *tohter* NF s. unten bei *h*, *e* nach *o* bedeutet einen schwachen Nachschlag, anders ausgedrückt: *ō* ist zweigipflig, zirkumflektiert, ersatzgedehnt nach dem Schwund des *h.*

ǒ ist durchgehend beliebte Schreibung für und neben *o*: *hǒffart, fǒl, ǒbenan, ǒfelotte* — *ǒstern* (neben *oe*), *Mǒses*;

für *ô* aus *â*: *mǒle*; für *ou*: *ǒch, lǒf, dǒfe, trǒm*, vor allem in *glǒbe.*

u ist fast konsequent durch *v* wiedergegeben. Nach *w*, vor *r* und *n* ist *u* regelmäßig unterdrückt: *wrdent, wnder, betwngen.* Ausfall von *i* nach *w* s. unten bei *w.*

Die diakritischen Zeichen erscheinen bei *v(u)* in größter Mannigfaltigkeit, aber auch mit ebenso großer Willkür in der Verwendung.

v́ bezeichnet den Umlaut von *u*: allgemein, steht aber oft auch unbegründet: *tv́gent, stv́nde, getv́ltig, sv́nes, zv́g*;

für *ü* aus *i*: *nv́t, v́t*; *sv́benden, hv́ndernis, vertrv́ben, fv́rmv́schet*;

für *û*: *lv́ter, gebv́ren, dv́be, dv́the*;

für *iu*: *crv́ce, gv́sset, hv́the, nv́ne, knv́, drv́, fv́r, v́ch*;

für *üe*: *fv́rende, stv́nde, demv́tigen, senftmv́tigeste.*

v̊ wechselt mit *v́* in allen bei *v́* verzeichneten Fällen; es findet sich auch als Schwächung von *uo* im Indikativ *mv̊ste.*

ve ist feste Schreibung in *vebele, veber* (aber immer *drv́ber* in VJ, FM), *veberig, gelvebede*; dem gegenüber begegnen Schreibungen wie *v́ber, v̊ber* nur ganz vereinzelt.

Die gleiche Schreibung *ve* ist für *üe* konsequent durchgeführt in *gevebet, vebethe, vebunge*; nur ganz vereinzelt *v̊*.

v̊ findet sich für *u* und *û* so häufig, daß *u* fast wie eine Ausnahme erscheint: *stv̊nde, mv̊nde, zv̊ht, sv̊n.* — *lv̊ter, kv̊me, sv̊re, hv̊s, fv̊l, nattv̊re.*

v̊ für *iu*: *rv̊we, trv̊wen, getrv̊we*; für *uo* allgemein.

Vokalfärbung im Präfix. Auch hier ist *u* der bevorzugte Vokal. Neben gelegentlichen Schreibungen *er-*, *ver-*, *zer-*, *ent-* herrscht in den drei Texten entschieden *v́r-* vor, in NF besonders in der zweiten Hälfte. Vereinzelte Schreibungen sind *v̊rsprvng, vrsprvng* VJ 26, 36. 27, 3. — In FN überwiegt *fv́r-* neben *vir-*, die beide in VJ, FM begegnen. Vgl. z. B. *fv́rlorne, virsv̊mete* neben *fv́rsv̊mete, virlorne* VJ 4, 18. 8, 2. Neben *zv́r-* stehen die Schreibungen *zvͤr-*, *zv̊r-*. — Das Präfix *ent-* erscheint als *vn-* in *vnpfing, vnpfangen, vnpfengliche* neben *vntladen*. — Angemerkt sei auch die Schreibung *vnweg* = *enwec*, sowie die Negationsform *un*, vgl. *v́nmvͤthe* VJ 23, 14 neben *enhalf* VJ 23, 15. Zusammenfassend darf man sagen, daß *v́, vͤ, v̊* ohne scharf trennendes Prinzip in den drei Texten verwendet werden.

Konsonantismus.

p, pp *p* ist ausgefallen in *badisten* (FM). — *pp*: *appet, eppetischin* (NF), *appetgette* (FM).

bb Geminiertes *b* bedarf keiner Belege, so häufig begegnet es in den drei Texten, selbst nach langem Vokal (*libbe, glǒbbe*); einfaches *b* verschwindet fast dagegen.

ph Gemeinsam ist die Schreibung *ph* in den Formen *phine (pîn), phinliche*, außerdem *pha(n)cier* neben *banzier* (FM), *s. pheter* (NF), *ephisteln* (FM). — Die Verbindung *entf.* erscheint NF 9, 2 als *enpfarent.*

f Neben *fúr-* und *vir-* zeigt NF gelegentlich auch die Schreibung *fer-*: *vnfergessen, vnferfencliche.* — Für *pf* steht *f* in *kof, treffelin, troffen* (NF), vgl. auch *scheffer aller bescheffede* (NF 127, 16).

w *bidderwe* (NF, FM), vgl. Beiträge 46, 155. Der gemeinsamen Unterdrückung des *u*-Lautes nach *w*, vor *n* und *r* geschah bereits Erwähnung; gelegentlich ist auch *i* (= *ü*?) unterdrückt: *wrt, wrst, wrdig, wrfit.*

m, mm *m* für *n* vor Labiallaut: *virnumft* (allgemein); *umbehůt, umbekant, semfte* neben *senfte* in NF. — Geminiertes *m* in allen drei Texten nach kurzem wie langem Vokal, am weitgehendsten wohl in NF: *eimme, keimme, dimme.*

d, t Im Anlaut wird allgemein die media bevorzugt (s. aber z. B. *getar* neben *gedar* unmittelbar nebeneinander VJ 20, 17), der jedoch als feste Schreibungen gegenüber stehen: *trucken* 'drücken' (NF, VJ), *getrenge* (NF, VJ, FM), *trifaltikeit* (NF), *getůlt* (VJ, FM); — *getúrstekliche* (FM). — Erwähnt sei auch *mardins* VJ 3, 26. — Die Endung *-ent* begegnet in den drei Texten nicht selten auch in der 1. und 3. Plur. Ind. und Konj. — NF eigentümlich ist vereinzeltes *d* im Auslaut (*mid, gid, dunked, gedanked*). — Die Form *indewendig* gilt für die drei Texte. — Auffallend ist der *d*-Vorschlag *delsibet, delsebet* FM 36, 24. 37, 5. 14 neben *Elsebet* 36, 31, *dosewalde* FM 37, 6 neben *Ossewalde* 36, 33. 37, 14. 35. Weinholds Erklärung (AG S. 142) des *d* als 'Rest des verschlungenen *sand*' (vgl. *san* NF 56, 5. 6) ist wenig wahrscheinlich, eben weil *sant* hier nicht 'verschlungen' ist.

dd, tt Gemination des *d* und *t* ist in allen drei Texten gleich beliebt. Angemerkt sei das auf Assimilation beruhende *maddelenen* NF 136, 20 (*Madelen* FM 56, 34).

th Die Schreibung *th* begegnet in NF, VJ, FM vereinzelt im Anlaut (*thrifaltikeit, bethúthet* — *gethon, gethorste, thorchten*), im Inlaut sehr oft (*gėseithe, beithest, zithen, welthe, marthel*), besonders häufig aber für *ht*: *zúthigen, bedothen, úrlúthet, brothe, sůthe, mv̊the, dvthe, liethe, ferthe, forthe* neben gelegentlichen *hth*: *brohthe, mahthe, fillihthe, virsmehthe, gedohthe* (FM auch *gedochthe*). — *tth* ist besonders in FM beliebte Schreibung in *etthelich, etthewenne, etthewas, etthewie.*

z In NF ist *z* die seltenere Schreibung (*zil, zwifel, zart*), häufiger ist an-, in- und auslautend *c* geschrieben: *cit(liche), cihen, ciehen, bicei(c)hen, corn* — *hercen, vnce, crúce, glencenden* — *ganc, swarc, glanc, kurc, nucber*; für *tz* : *cc*: *lúccel* (dagegen ist *lúccelliger* 70, 28. 71, 1. 6 = *liutsæliger*, gegen Lexer 1, 1999), *seccen*, *schecce*, *nucce*, *lecces* (21, 17). *bliccende* (96, 32), *Luccefar*. Auch VJ bieten *cit*, *salc*, *malloc* und, wie auch FM, *ganc*, *kurcliche*, *nucber*, *pha(n)cier* (neben *banzier*). Vgl. auch *ric(h)zen* = *richesen* (FM). Sehr auffallend und auf NF beschränkt (Zeitschr. f. deutsches Altertum 24, 531) sind die Schreibungen mit anlautendem *zw* statt *sw*: *zwarc, zwach, zwere, zwigen, zwerende.*

s *s* für *z* ist den drei Texten gemeinsam: *lase, reisan*, *grose*, *heisende*, auch *ss*, das aber in NF häufiger ist als in VJ, FM. — *s* neben und für *sch*, gleichfalls gemeinsam: *fals(heit), fleis(lich)*, *menslich*, *dis*, *jýdes*, *unkúse* (NF 29, 16), andererseits aber auch *ssch*: *dissche*, *fúrmússchet*, *fúrlesschen, mensschliche.* — *s*, *ss* für *hs*: *uswos* (FM), *usgewasen* (FM), *wassende* (NF). — *ss* für *sch*: *zwissent* gemeinsam.

sch *epp(e)tischin* (NF). — *erneschliche* (NF, FM). — NF 22, 11 ff. bietet die Schreibung *bishefe*. — Gegenüber den ständigen Verbindungen *sm, sn, sw* schreiben alle drei Texte meist *schl*: *schlof, schlahen, schlechteklliche, beschlossen.*

ll Geminiertes *l* nach kurzem wie langem Vokal, auch in Ableitungssilben, ist gemeinsam; desgleichen für *lh*: *weller, welle.*

n Sekundärer Einschub des *n* findet sich in NF an zahllosen Stellen: in Superlativformen wie *wittensten*, *schennensten*, *gungensten*, *minnenklichensten*, sowie in anderen Ableitungen und Endungen: *bebbenste* (NF 19, 7), *súndengen*, *findent* (3. Sing.), *dv̂n* (3. Sing. Konj.), *gebrûchent* (Part.), *hellenschen*, *úrbermende* (Subst.), dagegen nur selten in VJ, FM: *wening, gv́ngensten, virwndenten, spottent* (3. Sing.). Dem Einschub steht gemeinsam Ausfall des *n* gegenüber. Es handelt sich meist um die Partizipialendung *e(n)de*: *begerde, gedenkede, bekennede, liddede, won(en)de, kv̊(n)nede.* — Vgl. auch öfters in FM *pfrv̊(n)de, grv̊(n)de, grv̊(n)delos, tv̊ge(n)thaftes, zv̊r(n)des, fv̊r(n)des*; — *kȯmedur.*

nn Geminiertes *n* nach kurzem wie langem Vokal, sehr häufig und gemeinsam: vom Possessiv *dîn* Formen wie *dinne, dinner, dinnen* (NF), *phinne (= pîne)* VJ, *sinnen (= sînen), sinnar* (FM), *winnes (= wînes)* FM.

r, rr Auch *r* erfährt in NF und VJ (aus FM habe ich mir nichts angemerkt) sehr häufig Gemination nach kurzem wie langem Vokal: *irre, irren* (Pron. poss.) — *gehĕrret, lerre, schirre, fúrlirre, Marria,* dagegen gelegentlich auch in allen drei Texten *r* für *rr*: *fere, here, dire.* Umstellung in *dirthen*, gemeinsam. — Sehr auffallend ist die konsequent durchgeführte Schreibung *irdersch, irders* für *irden(i)sch* in FM.

k, c Alle drei Texte bevorzugen anlautend die Schreibung *c* vor *k*. Gelegentlich steht in NF *c* für *ch*: *weic, durc, unspreclich* (auch FM), *riczen* (FM 59, 22. 60, 26, vgl. 60, 2), *kúcin* (FM 69, 5 ff.). Über *c* = *z* s. *z*.

ck, gk: *ck* [*sackermente, hocken* (NF 102, 32), *erschrockent* (Prät.)] wird in den drei Texten häufig als *gk* geschrieben: *digke, ingebligked, ȯgenbligke, flegke, sagke, sagkermente.*

g ist beliebte Schreibung im Auslaut, gemeinsam: *ding, werg, folg, krang, starg, dangber,* ebenfalls gemeinsam der Ausfall von *g*: *junfroewe, frote, lůtent* (NF 59, 15), *walthe* (NF 127, 23), *fv̊te* (VJ 15, 28), vgl. auch *kv̊lhv̊t* (VJ 15, 13). — Für *j* steht *g* oft an- und inlautend, gemeinsam: *gungen, gommer* (doch VJ 21, 17 *jomer*), *gemmerlich, gudden, guddesche, gv̊gent, gv̊belierende, usgetthe* (NF 123, 13) — *zv̊rbleget, materge, zweigen* (neben *zwĕgen*), *frv̊ge, blůgender, lawerenzigen, concigencige* (NF 38, 31). Hier mögen auch verzeichnet werden *nůgent* (*niuwan*) NF 48, 8, sowie die für FM charakteristische Form *ugwer* = *iuwer*, die NF, VJ abgeht, aber in diesen kommt auch nicht *úch* vor, wenn ich nichts übersehen habe.

gg Geminiertes *g* begegnet in den drei Texten nicht nur nach kurzem, sondern ebenso nach langem Vokal: *stiggent, triggende, tregge, froggen*, besonders häufig auch für den Zwischenlaut *j*: *friggen, drigge, figgunden, schriggende, sigge, siggest* (nur im FM); FM 34, 35. 52, 14 schreibt *biggenander* neben *binander* 56, 29. — Vereinzelt steht neben *ck, gk* NF 140, 28 *digge*.

ch steht auslautend neben *c*: *march* (NF), *erschrach* (gemeinsam), neben *g*: *schůldich, lach* (NF). — *cch*: *riccher sacchen* (NF).

h für *ch* begegnet gemeinsam: *(wor)zeihen, sůhent, bůhe, bůher, gebruhen* — *nohenander* (FM). Ausfall des *h*: *follebrot, gewart, virtrðtte* (VJ 7, 24, vgl. NF 142, 1), *zútigunge, hðsten*; *doeder*, das NF 72 ff. zehnmal für *tohter* begegnet, ist eine reine, alte elsässische Form, wie mich Herr Kollege Wrede auf Grund des Sprachatlasses freundlich belehrt; damit wird Starks Bemerkung in der Germania 6, 480 hinfällig. *h* ist in der Komposition gespart: *sprachůs* (VJ), *ernestaft* (NF), *tůgetaftes* (FM). — S. auch *gewasent* (NF 11, 20), *uswos* (FM 63, 5), aus *hs* hervorgegangen. — Über *th* für *ht* s. oben.

hh Geminiertes *h* nach kurzem und langem Vokal, gemeinsam.

Aus der **Konjugation** sei folgendes angeführt:

Nur aus NF, dort aber häufig, sind zu belegen: *setzen, satte, gesat*. — *freg(g)en* neben *frogen* = *frâgen*; — die Präteritalform *wrkede* 143, 6 neben häufigerem *worhte, worthe*; Schreibungen wie *fúrlierende* 27, 26. 58, 20 und partizipiales *erkosen* 78, 10. 136, 29. — Den drei Texten gemeinsam ist das Partizip *fúrlůhen* (auch mit *ů* oder *ú* geschrieben) von *verlîhen*, wozu sich noch aus FM neben *lech* 79, 14: *virloch* 35, 3 stellt, falls es sich nicht um einen Schreibfehler handelt. —

NF und VJ kennen auch *fúrleschen* als Form des Partizips; FM 37, 28 *swar* Prät. 'schwur'. — Verba praeteritapraesentia *weiz* : *woste*; *kan* : *kunde* mit den verschiedenen Nuancen in der *u*-Schreibung; *gekúnnet* (VJ); *sol*: NF *wir, si sellent*, Konj. *selle*, VJ, FM *súllent*; Prät. *solte, sulte, súlte* gemeinsam; *mac*: NF *megent, mege, mehte*, VJ, FM *mûge, mûhte, mûthe*, VJ *gemûget*; Verbum substantivum: NF, FM *sinde, gesin* und FM *gewesen*; die Konjunktivformen *sigge, siggest* nur in FM. — *wellen*: *wellent, welle, welte, wolte* — *haben, hân*: *du hest, er het* in NF sehr häufig neben den Formen mit *a*, seltener in FM; Prät. *hatte, hette*, Part. *gehebet* (NF). — Den drei Texten gemeinsam sind kontrahierte Formen wie *du gist, er git*; *lit* = *liget*; *leist* 2. Sing.; *treit*; *du seist, seite, seitent*; *du sist* = *sihest*; *gen, gent, gende* von *geben*; *scha(de)t* (FM); *rest* = *redest, rettest* Prät. von *reden*.

Die von Denifle, Zeitschr. f. deutsches Altertum 24, 530 ff. 533 Abs. 3 zusammengestellten, sich widersprechenden Schreibungen, vergleicht man VJ und NF — daß nicht beide im gleichen Jahre 1352 niedergeschrieben sein können, steht auch mir fest —, erledigen [1]) sich größtenteils durch die Kollation der Schmidtschen Abdrücke, die besonders hinsichtlich der diakritischen Zeichen wenig zuverlässig sind, wie für NF meine Nachvergleichung (Zeitschr. f. deutsche Phil. 34, 267 ff.), sowie der neue Abdruck der VJ zeigen. Dagegen ist es

[1]) Damit erübrigt sich auch Denifles Äußerung über Jundt, a. a. O. S. 533 Anm. 2. — Das Versagen in einem bestimmten Falle bei dem einen oder anderen Vertreter der Dreiheit NF VJ FM (Denifle S. 532) kann übrigens gelegentlich auch in der Verschiedenheit des Inhalts und der dadurch bedingten stilistischen Anlage begründet sein, man vergleiche nur NF mit VJ, FM, die Dialogform in der Erzählung NF und die mehr oder weniger episch gehaltenen Selbstbekenntnisse in VJ und FM.

richtig, daß NF neben *heil(l)ig* oft die Schreibung *helig, helger* bevorzugt, die VJ nicht verwendet, desgleichen fehlt in VJ die in NF mehrfach gebrauchte Schreibung *ferthe, ferthende* = *forhte, forhtende*; in FM steht *fv́rthe, fv́rthende*. Den Formen *meg(g)e, meg(g)est, mehte* in NF stehen in VJ, FM *mv̊ge, mv̊gest, mv̊gent, mv̊the(nt)* gegenüber. Die Schreibung *c* = *z* ist — Denifles Behauptung S. 530 verlangt Einschränkung — VJ nicht fremd (es zeigen sich *cit, salc, ganc, malloc, kvrcliche, vnnv̊cliche*), wenn auch zuzugeben ist, daß NF *c*, VJ *z* bevorzugt; freilich vereinzeltes anlautendes *z* für *s* in NF (Denifle S. 531) kennt VJ nicht. Die Divergenzen zwischen NF und VJ bleiben bei sonstiger Übereinstimmung höchst auffallend, wo doch kein Zweifel über die Gleichheit des Schriftduktus in NF und VJ bestehen kann. Da NF, wenn auch Autograph Merswins, so doch wohl nur Reinschrift nach einem Konzept ist (Zeitschr. f. deutsche Phil. 34, 259. 268 zu NF 122, 32 und ebenda 39, 122 f.), sehe ich keinen anderen Ausweg, als in der Annahme einer unsicher tastenden, ja spielerischen Schreibart. Überhaupt verfährt Merswin nirgends konsequent, er ist jeder Bemühung um Regelung abhold; die schwankenden Lautformen, die Bevorzugung bald dieser, bald jener Schreibung bereiten gleichsam die Dialektfälschung im FM vor, sind eine Station auf dem Wege dahin. Ja ich möchte glauben, daß diese Inkonsequenz bis zu einem gewissen Grade auf Absicht beruht. Das Schillernde, Unbestimmte ist eine Eigentümlichkeit Merswins; wie die Gedankenwelt und Ausdrucksweise unter Unklarheit leidet, so ist auch die Orthographie willkürlich gehandhabt. Allenfalls dürfte der Umstand in Erwägung gezogen werden, daß Merswin in NF seine Vorlage (s. Diepenbrocks Text und Zeitschr. f. deutsche Phil. 34, 236 ff.) z. T. nur weiter ausgesponnen, durch Zusätze und Einschaltungen stark erweitert hat, möglicherweise also eine oder die andere Schreibung aus dem kürzeren Text übernommen ist.

I.

Rulman Merswins Buch von den vier Jahren seines anfangenden Lebens.

Dem sogenannten Merswinschen Autograph schickt das Briefbuch Bl. 32^{b} folgende mit roter Schrift geschriebene Einleitung voraus:

* Dis kleine sexternelin bappires mit den ahte blettern ist daz selbselbe bůch Růlman Merswines, unsers ** stifters eigene hant, alse er es selber schreip und schriben můste von den ersten vier ioren sines anevohenden lebendes uz gehorsame gottes und sines heimelichen gesellen, dez lieben frúnt gottes in Oberlant, alse es die brůdere sante Johans orden fundent noch Růlemannes tode hinder ime geschriben ligende, in eime beslossen kensterlin und sin eigen silberin ingesigel ussewendig an dem coopertorio hangende, umbe sant Marien Magdalenen dag anno dni M.CCC.lxxxij. Der selbe gottes frúnt in Oberlant Růlemanne Merswine, unserme stifter, do gegene widerumb geschriben gap den anefang sins lebendes, alse wir es zů tútsch und zů latine in den drien urkúndebůchern geschriben hant, wie gar frŏmdecliche in vil groszen mirackeln er ŏch von gotte die ersten fúnf ior durch vil lustliches trostes und ouch durch manigvaltige swere bekorunge und widerwertikeit von innan und von ussan gezogen und gefůret wart; und die selben fúnf ior, dez lieben frúnt gottes anefang, ist intytelieret und genennet in den urkúndebůchern daz bůch von den zweien menschen. Und wie wol dis gegenwertige bůch Růlmannes, unsers stifters, leben, und ouch daz vorgonde bůch der funf manne leben zů tútsch und zů latine

---

* *Rieder* 115*, 13. ** *Schmidt, GF* 55.

13 *22. Juli.* 24 *Schmidt, NvB* S. 205—277; *Lauchert*s *Ausgabe 1896.* 26 *im Briefbuch steht dieser Traktat Bl.* 3^{a} *vor dem Merswins.*

in den drien urkúndebůchern und in andern bůchern manigvaltecliche geschriben sint, noch danne so sǒllent dise zwei bappirine bůchere, der erste stam und ursprung, ire eigene hant und ir selbes geschrift, uf diser hofestat zů dem Grůnenwerde bliben und gar erwirdeclich gehalten werden glich eime heiltůme. in der selben meinunge sú ǒch in dis briefbůchelin gebunden sint zů eime ewigen urkúnde, do bi wir und alle unsere nochkomen deste me minne gewinnent zů allen den andern iren materien, do durch wir billiche sullent vermanet werden, dz wir uns der selben frúnde gottes, unsere lieben stifter, brůderliche minne und gemeinsame deste fruhtberer machent mit rehter dangberkeit, daz wir durch sú uf einer solichen gnodenrichen heilgen * hofestat von gotte versammelt sint und in ir zale gehǒrent und mit in sǒllent messen die fruht irs gnodenrichen verdienendes in glicheme teile iemer ewicliche, ob wir selber wellent uns ** sin enpfenglich machen mit glouben und minnen und mit demůtigem erfolgende in gantzer zůversicht irs getruwen gǒtlichen rotes und irs minnesamen frúntlichen schribendes, alse uns dise gegenwertige briefe und die urkúndebůchere manigvaltikliche bewisent in allen materien.

Ouch mag ein ieglich mensche wol mercken und sunder allen zwifel gentzliche glǒben bi den minnekosenden worten Růlman Merswins, unsers stifters, leben, alse dicke es iemen liset und vor gelesen het oder lesende wurt daz bůch von den nún veilsen, daz der selbe Růlman Merswin ǒch geschriben het und schriben můste von gǒtlicher betwúngniße und von insprechende dez heilgen geistes. in der selben meinunge ǒch daz selb bůch von den nún veilsen zů tútsch und zů latine in die drú urkúndebůcher geschriben ist, wanne sú bede mitenander concordierent und gliche hellent an demůtigen worten, an inbrúnstiger minne, an úbernatúrlichen grossen wunderlichen werken und goben gottes, und ǒch bede mitenander geschriben wurdent in den ziten, do Růlman Merswin, unser stifter, von gotte betwungen wart bůcher zů schribende, alse die daten sagent, die bede glich sprechent in disen zweien bůchern, den nún velsen und den vier ioren, Růlman Merswines anefang, wenne in ir iegliche me sunderliche geschriben stot, daz es volbroht wurde dez iores do man zalte von gotz gebúrte m. ccc. fúnfzig und zwei ior.

---

* *Rieder* 116*. ** *GF* 56.

4 *lies* eigenen?

(33a) Allen den si kv̊nt geton, die dis bv̊chelin lesent oder herent lĕsen, was her an geschribben stot, das es also ist und lv̊ter worheit ist, vnd das behĕbe ich bi der gv̊ngensten ferthe, also ich vsser der zit gescheiden bin; vnd zv̊ eime gerehten geworen worzeihen so sol men finden hangende min eigin ingesigel an eime riemen an dieseme bv̊chelin.

*In gottes nammen Amen. Alle liebe criston menschen, ir sv̊llent vir wor wissende sin, das es beschach also des selben jores, do man zallete von gottes gebvrt mccc jor xl jor vnd vii jor, do beschach es in dem ſelben jore also, das ich, Rv̊leman Merswin, aller kŏfmanschaft vnd allen dem gewinne v̊rlop gab, do mitte ich pflag vmbe zv̊ gonde, und dar zv̊ aller nattv̊rlicher lv̊stlicher gesellesсhaft, vnd dis det ich dvrch got gar fv̊r wegenliche in einer gar einfeltigen meinvngen, also das ich meinde, das ich wolte mine sv̊nde bv̊sen. Nv̊ do ich diesen aller ersten ker also gar fv̊r wegenliche und also gar einfeltikliche mit mime eigin friggen willen gotte v̊rgap, van dieseme aller ersten ker do beschach miner nattv̊ren gar we abbe, wan mir wol ettewas mit der welte lv̊st wol was gesin. Nv̊ sol man wissen, do ich wol vffe x wochen einfeltikliche in diesen dingen was gesin, do was die zit gar nohe vffe sant Mardins dag, do beschach es, das ich alleine an eime obbende wart gonde in mime garten vnd wolte gerne ettewas gebettet habben, vnd do ich also ging, do wrdent mir gar fil gedenke in fallende, vnd wart mir gar swerliche in ſallende der vebellonden welte vntrv̊we vnd ire falsheit vnd wie die welt lonet vnd wie gar sercliche bitter ende si git, vnd mir fiel ŏch in, das ich gedenkende wart an das grosse gv̊t, das mir got geton het, vnd so grose

* *GF* 57.

26 *12. November.* 32 *in der Abschrift im Memorial* sorgliche

minne er zv̊ mir armen sv́nder gehebbet hatte in sime grosen liddende vnd in sime bittern dode. Alsollicher minnelicher gv̊ter gedenke der wrdent mir gar fil in fallende, also in sollicher wise was mir got groses gv̊tes getan hatte; nv̊ fiel mir ŏch der gegene in vnd wart gedenkende, wie gar derliche vnd wie gar vnnv̊cberliche ich mine zit vir trv́ben hatte, vnd wie gar kleinne minne ich alle minne tage zv̊ gotte gehebbet hatte, vnd do ich sine grĕse vnd mine kleine anne sach, vnd ich die grose minne anne sach, die er hie in dem ellende in menslicher nattv̊ren hatte, so ich den mine cleine minne vnd minne fv́r sv̊met zit anne (sach), vnd das dan gegen dem sinen also gar nv́t was: nv̊ do mir diese gedenke vnd noch gar fil me in gefallen warent, do wrdent diese gedenke also starg, also das ein starker groser rŏwe wart in * mir vf stonde vmbe alle mine fv́r lorne vir sv̊mete zit, vnd wart ich ŏch do minen eigin willen gar sere hassende, in dem selben eigin willen ich mich gar sere vir schv̊ldet vnd vir sv̊met hatte. Vnd do ich alsus in diesen gedenken in mime garten gonde was, do wart ich vf zv̊ himmel sehhende vnd wart die grv̊ndelose v́rbermede gottes mit groseme erneste vnd mit eime grosen rv̊wigen herzen anne rv̊fende, vnd gab ŏch in dem selben gotte abber vf minen eigin friggen willen vnd gelobbete ŏch dar zv̊, was mir werden mv̊the van barme gv̊te, das ich das alles dvrch got gebben wolte. Vnd do ich also einfeltikliche in diesen gedenken vnd in diesen willen in dem garten gonde was, do beschach es, das ein gar geswindes gehes clores lieht kam vnd vmbe fing mich, vnd wart genv̊men vnd wart gefv̊ret [den garten] obbe der erden swebbende etthewie digke den garten vmbe vnd vmbe; vnd was mir ŏch in dieseme selben vmbe

* *GF* 58.

6 *Mem.* to̊rliche 7 *Mem.* unfruchtberliche 17 rŏwe '*Reue*'

fv̊rende, wie neiswas gar vsser mosen sv̊se wort zv̊ mir sprechende were; abber was das lieht vnd das vmbe fv̊rdes was vnd der sv̊sen worte, das weis ich nv́t, got der weis es wol, (33[b]) wanne es veber alle mine sinneliche vir nvmft was. Abber do diese frelliche kv̊rze stv̊nde vs was vnd ich widder zv̊ mir selber gelosen wart, do fant ich mich alleine in dem garten stonde vnd sach vmbe mich vnd sach nv́t me vnd befant nv́t me, wanne das eine befant ich wol, ich befant das mine ŏgen flvssent fil wassers drvs onne alles min zv̊dv̊n, von den trehhen des sv̊sen wassers, von dem ich grose kraft vnpfing vnd min herze fŏl frěden worden was; vnd do ich dis v́rsach vnd mit den sinnen fv́r stont, also das got mit mir armen sv́nder, siner armen creatv̊ren, also gar geswinde mins anne fanges alsolliche grose veber nattv́rliche werg gewrket hatte, dis nam mich gar gros wvnder, wanne ich befant in mir alsolliche grose frěde, van der frěde ich gewar wart, also das min herze in mime libbe fv̊r schlahende vnd dobbende (wart) van rehther frěden, van der frěden die ich in der grv̊ndelosen v́rbermede gottes befv̊nden hette. Nv̊ in dir selp selben stv̊nden do fiel ŏch zv̊ stv̊nt also gar veber swenkende grose getteliche minne in mich, also das ich die welt vnd alles das zv̊ der welthe geherret vnd ŏch minen eigin lichomen also gar zv̊ grvnde vebele hassende wart, also das ich des ersten jores minen lichomen gar strenge vnd gar herte mit groser mannig faltiger vebunge anne griffende wart,* also das ich zv̊ mannigen ziten der zv̊ kam, das ich sin also krang wart, also das ich gedochthe, das ich sin in dodes not kv̊men were. Nv̊ in den selben ziten do nam ich den Thăweler zv̊ eime bihther, vnd der befant etthewas

* *GF* 59.

2f. *lies* des umbefüer(n)des 6 frelliche: *s. Lauchert zu ZM* 5, 36. 19, 16 20 fv̊r schl. = verslahende '*unregelmäßig schlagend*'.

miner vebungen, wan er nam es war, das ich gar krang in der nattv̊ren geriet werden, vnd er forthe mins hǒbetes vnd er gebot mir bi gehorsam, das ich mich in keiner vebunge me sv̊lte veben, vnd der an mahte er mir ein zil vnd ich mv̊ste gehorsam sin; vnd van dieseme gebotte dir gehorsam do geschach mir gar we fan, wanne ich hette grose minne der zv̊, das ich eht minen lichomen faste in vebvnge hatte. Abber do das zil des gebottes vs was, do sweig ich vnd vebete mich abber fv́rbas also for. Abber vnser lieber herre vnd vnser got der gab mir dis aller ersten jares mins anne fanges also gar vil gewores vnder scheides in alsollicher wise, also das mich deheine sache so gros anne ging, wanne ich es den mit groseme erneste an got kam, so wart mir zv̊ stûnt der vnderscheit, also das ich bewiset wart, was ich dv̊n odder losen sv̊lte. Vnser lieber herre lies mich ǒch des ersten jores gar digke vnd zv̊ mannigen ziten in gar grv̊welichen, gar grosen bekorvngen bedde ganze dage vnd naht; abber mir wart alles van der gnoden gottes gebben, das ich mich gar gelessenliche vnd frelliche vnd demv̊tekliche drin gap, vnd wart den mit mv̊nde vnd mit herzen sprechende: min herre vnd min got, miner nattv̊ren ist dis lidden gar widderwertig, harvmbe so bitte ich dich, das dv dich nv́t dran kerest vnd das dv nv́t dv̊st also mine arme súndige nattv̊re heissende odder begerde ist, folle bring dv dienen aller liebesten willen, es si miner nattv̊ren liep odder leit, es dv̊n ir wol odder we. Wanne es dan beschach, das die zit kam also es den got habben wolte, so v́rhǒte der milte got sine v́rbermede vnd gab mir mit liehtricheme vnderscheide zv̊ bekennede, das es also mv̊ste sin vnd das ich ǒch des selben weges dvrch lidden mv̊ste, das wer in weller hande lidden das were. (34v) Vnd das gestattet ǒch got

10 ěbete 28 heissende *für* heischende, *s. erstes Heft* I 15,13 f. 18; *ZM* 34,17. 36,13; *Deutsches Wörterb.* IV,2, 897. 30 dv̊n: *auch sonst* 32 v́rhǒte = erhohte?

dem dv̊fele in der meinvngen, also das er mich hie fegen solte, also das er deste bas bi mir wonnen mv̊the, wanne er gar gerne bi dem menschen wonnet, der sin crv̊ze vffe sich nimmet vnd imme etthewas dvrch lidden noch got. Wanne es nv̊ beschach, * das mich die liddenden bekorvngen also gar starg anne koment, so gab ich mich mit der helfe gottes gar fúrwegenliche vnd gar frelliche vnd gar demv̊tekliche in die bekorvnge, (da) van das er mit der liddenden bekorvnge dette, also er wolte vnd nút also ich wolte. So nv̊ got sach, das ich mich also vir wegenliche in das lidden gab also dan got wolte, so kam er mir mit siner barmherzigen gnoden zv̊ helfe vnd lies mich ŏch den vffe die zit siner zv̊kumf(t) aller liddender bekorvngen liddig ston vnd lies mich dan der zv̊ grose frĕde befinden, vnd was ŏch dan die frĕde also vebber swenkende gros, also das ich glŏbe, das si veber alle mensliche sinne was. Vnd wanne ŏch got mit dirre selben grosen frĕdenrichen gnoden kam, so was ŏch die veber sinneliche frĕde also rehthe gros, das mir die frĕde dvrch das herze fv̊r, also das mir das herze also fŏl frĕden wart, also das ich grose erbeit mv̊ste habben, das ich besehhe, das ich die frĕde virtrv̊tte, also das si zv̊ dem herzen nv̊t vsbreche, das ich nv̊t gv̊belierende wrde. Vnd wanne es ŏch beschach, das [mir] der barmeherzige milte got mir diese grose frĕden riche veber nattv̊rliche gobbe sante, so was mir rehthe, wie das ich einen forgesmag der eewige(n) frĕden befv̊nden hette. So beschach ŏch den zv̊ etthelichen ziten, also es got habben wolte, das er mir den lies den dv̊fel gar swerliche fv̊rhebben alle die sv̊nden, die ich ie getet, vnd dar zv̊ alle mine fv̊rgessen sv̊nden, vnd wart mir dan der zv̊ zv̊ bekennede gebben, was got groses liddes vnd trv̊we vnd minne zv̊ mir

---

* *GF* 60.

8 frelliche: s. *S.* 5, 6 *Lesa.* 9 vā 24 virtrv̊tte = virtrvhte, *Mem.* vertruckete 35 *lies* mitelidde(n)s?

armen sv́nder gehebbet hatte, vnd ich dan der gegene gedochte an mine fv́r sv̊mete vir lornne zit vnd an die cleine minne, die ich gehebbet hatte: wanne dis beschach, das ich diese ding wart anne sehhende, so beschach mir abbe mir selber gar we, also das ich dan minen lichomen, min eigen fleis also gar zv̊ grvnt vebele hassende wart, also das ich in dan zv̊ ettelichen ziten anne griffende wart, also das ich in mit einer schraffen sniden(den) ieserin geisseln wart schlahende, also das mir das blv̊t wart vs gonde. Wanne ich das sach, so nam ich salc vnd trvtte es drin, in der meinvnge das es mich faste smerzen vnd bisen sv̊lte. Wissent, des ersen jores do wart mir die welt vnd alles das die welt geleisten mag also gar in mir selber zv̊ nv́te vnd also gar vnwert, vnd * wer es gewesen, das ich es von gotte gethorste gethon habben, so hette ich wol grosen lv̊st in mir selber fv̊nden, das ich die welt ganc vnd gar gelosen hatte vnd wip vnd gv̊t vnd alles, das ich hatte, gelosen hatte, vnd das ich blos der van gangen were vnd ich in einen walt gangen were, do mich nieman bekant hatte: also gar was mir die welt ein crv́ze worden. vnd ich was ŏch zv̊ mannigen ziten an got mit groseme erneste begerde, wer es sin wille, das er mich malloc hette gelosen werden, alles in der meinvnge, das ich der welte liddig mv̊the worden sin vnd ŏch das ich fv́r smehte vnd we gehebbet hatte dem liddende vnsers heren zv̊ eren. Es beschach ŏch gar vil zv̊ manigen ziten, so ich vnsern heren in dem heilligen sagkermente vnpfing, das mir den also gar grose veber-(34[b])swenkende frěden riche gnode wart, van der veber nattv́rlichen frěden nv́t zv̊ reddende ist, wanne es veber alle sinneliche vir nvmft was. So beschach

* *GF* 61.

9 schraf *s. erstes Heft, Anm. zu* I 3, 22. 12 trvtte *s. oben S.* 7, 24 *Lesa.* 25 malloc *'aussätzig' Lexer* 1, 2016; *Schmidt, Hist. Wörterb. der elsäss. Mundart S.* 233[a].

es dan ŏch zv̊ etthelichen ziten, das mir dan got gar vsser mosen herte was, vnd was das ŏch in sollicher wisen, also das er mich lies anne fallen gar grose grv̊weliche bekorvnge, die do worent in mannigfaltiger wise van vnkv́schekeit vnd van vnglŏben. Von diesen strengen grosen mannig faltigen bekorvngen mir zv̊ manigen ziten gar alzv̊ mole zv̊ grv̊nde we beschach, also das ich sin in dem hŏbete gar alzv̊mole krang wart, also das zv̊ manigen ziten der zv̊ kam, das ich miner sinne gar gresliche fv́rthende was. So es den also beschach, das ich geriet rehte in den sinnen fv́r zagen vnd keinen vnderstant in mir fant vnd rehte ieze wonde vir zagen: so dis dan got anne sehhende was, so lies got nv́t, er kam mir zv̊ helfe vnd kam ŏch dan also gar richliche mit sinner barmherzigen befintlichen frĕden richen gnoden, also das mir dan do inne ein kv̊ne fv́r wegen gemv̊te wart, in dem selben kv̊nen gemv̊te ich frelliche gotte vf gebbende wart min hŏbet, mine sinne vnd alles, das ich hette, vnd das er domitte dette, also er wolte, vnd ŏch in weller wise, also er wolte, vnd nv́t in deheinen weg dette also ich wolthe. Also beschach es des ersten jores zv̊ mannigen ziten, also das got lies vffe mich fallen gar gros grv̊weliche herte getrenge in gar groseme liddende. Also den got * wol bekennede was, das es zit was, so er den wolte, so kam er mir mit alsollicher groser befintlicher frĕdenricher frĕde zv̊ helfe, vnd was den der trost vnd die frĕde also rehthe gros, also das ich den zv̊ stv̊nt alles des liddendes fv́r gas, das ich for moles ie befvnden hette. Nv̊ dis minnen spil treip vnser lieber herre des ersten jores gar fil mit mir, siner armen vnwrdigen creatv̊ren. Nv̊ dis selben jores do hette ich das lidden vnsers heren gar faste inne, also das es mir gar vsser mosen sere zv̊ herzen ging, vnd das gab mir ŏch

* *GF* 62.

9 das = daz ez 19 frelliche *'getrost'*

einen sv́nderlingen grosen trost. Vnd in den selben ziten do fv́r hing got eine fremmede wise veber mich. Ich hette mich gewennet, das ich fil zv̊ den oddern losen mv̊ste, vnd in diesen selben zi[te]ten do mv̊ste ich ŏch losen, vnd wanne es beschach, das man mir zv̊ den oddern lies, wanne ich den das blv̊t anne sach, so fiel mir zv̊ stv̊nt das blv̊t vnsers herren in vnd kam ŏch dan zv̊ stv̊nt van mir selber, das ich mich van dirre zit nv́t vir stv̊nt, vnd wart sin dan ŏch also rehte krang, also das man grose not mit mir habben mv̊ste, obbe das ich widder zv̊ mir selber kam vnd zv̊ ettewas creften widder kam. Nv̊ in dieseme selben ersten jore, do ich eines nahtes vf stv̊nt vnd mine mettin betten wolte, vnd do ich si anne fahen wolte, do beschach es zv̊ stv̊nt, das mir gar geswinde gar vsser mosen gar grose fremmede bekorvngen in fiellent, vnd waren die bekorvngen also vngenant vnreine von vnkv́schekeit, die also gar bĕse worent, also das ich sin alzv̊ mole gar sere v́rschrach, vnd ich fiel gar geswinde vffe mine knv́ vnd rv̊fte got mit gar groseme erneste anne, (35[a]) das er mir zv̊ helfe keme, abber es v́nhalf nv́t; ich fiel an eine krv́cze fennige, es half ŏch nv́t: was ich anne fing odder was ich det odder in welle wise ich det, so half es alles nv́t. Vnd do diese grose vnreine strenge bekorvnge also lange gewerte vnze an die zit, das es dag wart, vnd do fiel mir in den sin, das ich wart gedenkende, dv solt rehte gon in die kirche, do ist din herre vnd din got gegen wertig, vnd den solte ich den mit groseme erneste anne rv̊fen, obbe es sin wille si, das er dir diese grose vnreine bekorvnge abbe nemme; ist es den sin wille, so nimmet er dir si abbe. Vnd ich det also vnd rv̊fte die liebe mv̊ter gottes anne vnd bat si mit gar groseme erneste, das si * ir kint bette, wer es sin wille, das

* *GF* 63.

23 v́mhalf; *Schmidt liest* virhalf 24 *Mem.* venie

er mir die vnreine bekorvnge abbe nemme; abber es half ŏch nv́t, sin wart alles ie me vnd ie me. In dieseme grossen liddende was ich alle die zit in der kirchen vnze an die zit, das man die kirche beschliessen welte, vnd do ging ich her vs vnd ging heim vnd ging in mine kammer, wanne ich van groseme lidden(den) we nút essen mv̊hte. Do ich also in miner kammern sas, do wart ich an eime bv̊chelin lesende gar gv̊te ding van dem lidde(n)de vnsers herren, vnd ich det das in der meinvngen, das ich gedochthe, die bekorvngen die wrdent mir fil liḥte der fan vnweg gon, abber es half ŏch nv́t, sin wart alles ie me vnd ie me vnd ie strenger vnd ie strenger. Vnd do dis alles nv́t helfen wolte, do sas ich also in groseme we in mir selber zv̊ gedenkende vnd wart gedenkende: ach, ich armer sv́nder, ich habbe dis lidden rehte wol fv́r schv̊ldet vnd ich sol mich gotte gewillekliche vnd gerne drin gen vnd in losen domitte dv̊n also er wil, wan got der wil es vil lihte also van mir habben. In diesen gedenken wart, do fiel ich vffe minne knv́ vnd bat got mit groseme erneste, wer es, das ich dis lidden nv́t also getv̊ltekliche litte also ich solte, das er mir dan zv̊ helfe keme, wanne ich mv̊the sin alles anders nv́t v́rlidden. Wie ich nv̊ det vnd in was wisen ich mich gotte lies, so half es doch alles nv́t, sin wart alles ie me vnd ie me vnd ie strenger vnd ie strenger, vnd wrdent die bekorvngen also gar grv̊weliche gros vnd starg. Vnd do sich diese ding in dieseme grosen liddende gerietent lengen, do geriet ich etthewas faste krancken, vnd do ich das gewar wart, do wart ich mit groseme erneste anne rv̊fende den sv̊sen nammen Jesvs vnd bat in mit groseme erneste, das er mir zv̊ helfe keme, er sehhe wol, das es mine nattv̊re nv́t v́rlidden mv̊the. vnd dis anne rvefen wart ich gar digke vnd fil dv̊nde, abber es half alles nv́t, sin wart alles ie

5 welte *oder* wolte

me vnd ie me. Vnd do ich sach, das dis alles nv́t helfen wolte, do wart ich gedenkende: dv wrst in diesen dingen zv̊ krang, dv maht es die lenge nv́t v́rlidden, dv solt rehte an die strose her vs vnder das gemeinne folg gon vnd solt (35[b]) ettewas redde mit in habben, vil lihthe get es dir abbe. In dieseme selben gedanke so stv̊nt ich vf vnd wolte unweg gon; do ich also vfgestv̊nt, do befant ich vndenan an mime libbe * gar gros we, ich befant das ich niddenan an mime libbe gar gros zv̊r bleget vnd geswollen was, also gros, das ich nv́t gon mv̊the. Nv̊ do ich dire cranckeit zv̊ der erren cranckeit gewar wart, do gedocht ich: dv bist zv̊ kranc, dv maht niergent kv̊men, vnd dv solt dich rehthe an din bette legen, wanne dv maht niergent kv̊men, vnd solt dich nv̊ rehte gotte befelhen vnd in losen dv̊n rehte also er wil, vnd wil er den, das dv v́rbrichest, in gottes nammen! Wil er dich den dot habben, aber in gottes nammen! Alsvs leite ich mich in gar groser crangkeit die ich befant in aller miner nattv̊ren an das bette, vnd do ich also in dieseme vnmesigen grosen we an dem bette lag, do wart mir ein starkes kv̊nes vir wegens gemv̊te, also das ich mit mv̊nde vnd mit herzen sprechende wart vnd sprach: ach, min herre vnd min got, obbe das ich an dir brechen wolte vnd dir abbe wolte gon der gelv̊bede, also ich dir, einigestes herze liep, geton habbe, gar fere lieber wolte ich e v́rwellen, das min lichome van rehtheme liddenwe zv̊r springen solte vnd derzv̊ einen bittern strengen schemmelichen dot lidden solte; ach, min herre Jesvs Cristvs, dienen aller liebesten willen den solt dv folle bringen mit mir, diener armen creatv̊ren: es si mir liep odder leit, es dv̊n mir wol odder we, so dv̊n doch also

* *GF* 64.

13 gedocht: ge *am Zeilenschluss, am Rand der folgenden Zeile* docht *nachgetragen.* 28 fere = ferre 29 *lies* liddenden we, *vgl. S.* 13, 6 f. 15, 8. 34 dv̊n *auch sonst.*

dv wilt, nv́t also ich wil. Nv̊ do ich alsvs mit gar fil worten vnd ŏch in fil grosen trv́gken vnd ŏch in gar groseme swerme vnsegellicheme liddende vnze fesper zit in dem bette gelag one allen befintlichen trost, vnd ich den dag vnd die naht in also gar grosen vnrv̊wen vnd in also gar groseme liddenden we was gesin, do beschach es van groser kranckeite wegen, do gingent mir die ŏgen in dem bette also zv̊, rehthe also eime menschen, dem gebresten wil vnd nv̊me mag vnd iezent an hinne ziehen wil. Vnd do ich also in dire grosen kranckeit alsus in dem bette lag vnd ŏch nv́t vnwoste wo ich was, in den selben dingen do beschach es, do was mir, wie in diesen selben dingen eine gar sv̊se stimme zv̊ mir sprechende were, vnd sprach die sv̊se stimme alsus: Rv̊leman, stant vf mit frĕden van dem bette zv̊ stv̊nt. want do gingent mir die ŏgen vf vnd sach vmbe mich vnd sach nv́t, abber eins das befant ich wol, also das mine nattv̊re gar frelliche worden was, vnd ich stv̊nt ŏch geswinde van dem bette vf vnd was in grosen frĕden gehorsam, vnd also schiere ich van dem bette kam, do befant ich * zv̊ stv̊nt ein groses worzeihen: ich befant, das mir min lip, der mir do formoles vndenan gar sere gros zv̊rblegget (36[a]) vnd geswollen was, do was veber al nv́t me vnd was alles abbe, vnd ich befant ŏch, das ich in aller miner nattv̊ren groser craft gewar wart, vnd dar zv̊ so kam ŏch also gar vnmessige grose frĕde in min liplich herze, also das ich zv̊ stv̊nt alles wees fúr gas vnd alles des liddendes, das ich formoles ie gehebet hatte. Vnd do ich diese grosen wnder alsus in mir befant, do ging ich zv̊ stv̊nt in vnser lieben froewen mv́nster vnd lobbete got vnd vnser liebe froewe vmbe alles das gv̊t, das si mir armen vnwrdigen sv̊nder geton hattent. Ach! alle

---

* *GF* 65.

1 f. mit gar fil w. *'fantasierend'?* 3 unsegellichene 12 vnwoste *oder* vnwvste 19 frelliche: *s. oben S.* 5, 6 *Lesa.*

lieben criston menschen, ir sv̊llent wissende sin, das vnser lieber herre Jesvs Cristus, der barmherzige milte got, mir des aller ersten jores mins anne fanges mit mir, siner armen vnwrdigen creatv̊ren, also gar vil groser wnderlicher werke wrkende was, der ich nv́t alle geschribben kv̊nde noch mv̊the, wanne ich ir alle nv́t zv̊ worten bringen mv̊the, wanne ir gar fil veber alle mine sinneliche vir nvmft was; her vmbe so kv̊nde ich noch vir mv̊the es mit allen minnen sinnen nv́t zv̊bringen, also das ich van dieseme aller ersten jore me geschribben mv̊the, vnd ich wenne es wol vnd glŏbe es ŏch rehte wol, vnd wer es also gesin, das ich diese grosen veber nattv́rlichen wnderlichen wnder alle geschribben mv̊the habben, so glŏbe ich das wol, das kein messebv̊ch so gros si, ich hette gnv̊g zv̊ dv̊nde gehebbet, solte ich die werg gottes von dem ersten jore dran geschriben haben. Dis ist van dem aller ersten jore.

Nv̊ des andern jores vnd des dirthen jores, in den selben zwĕgen, in den was das jvbel jar, das man zv̊ Rome fv̊r, in diesen selben zweigen joren do was got mit mir armen sv́nder gar grose veber nattv́rliche werg wrkende in gar groseme liddende, vnd worent alsolliche werg mit alsollichen grosen veber sinnelichen bekorvngen vnd also gar grose vngenante bekorungen in also gar fil vnd in gar mannigerhande weg und wisen, die also gar vnreine, bĕse worent, das gar schadde wer, das * man der van schribben solte. wanne van einer, die vnder den andern was, die ist nv́t schadde zv̊ schribbende, vnd das ist, das mich got lies anne fallen mit vnglŏben; vnd was das in alsollicher wise, das mir der dv́fel in die sinne warf, wie mag das gesin, das der fatter vnd der sv̊n vnd der heilige geist in eime (wesen) vnd in einer nattv̊ren mv̊gent gesin?

* *GF* 66.

35 *Mem.* wesen

Vnd in dieseme vngelŏben was ich fil zites, also das ich alle zit anders nv̊t vnwoste, wanne das ich ein eewiger hellebrant mv̊ste sin, vnd fant doch in mir, das ich dar vmbe nv̊t abbe losen wolte, ich wolte got liep habben. Abber ich wart in dirre vebvnge also gar krang, das ich gedochthe, ich mv̊ste sin sterben. Vnd do ich fil zites in dieseme grosen liddenden we dis grosen vngelŏben was gesin, also das ich gar krang in aller miner nattv̊ren worden (36[b]) was, also das mich dv̊the, das ich nv̊mme mv̊the, wanne es do vnser lieben froewen dag was irre himmelferte, do wagete ich es vnd ging an eine bredige siczen; vnd ich det minen kv̊lhv̊t vir mine ŏgen, vnd van rehter kra(n)ckeit do kam ich van mir selber, vnd in dieseme selben zv̊ge do wart mir fv̊r gehebbet ein gar groser stein, der me den eins langen speres hoch vnd breit was, vnd in den stein was gehŏwen drú gar grose mannes bilde, vnd vsser dem húndern mannes bilde, vsser des mvnde do ging vf eine grose schenne wise dv̊be, vnd was veber das erste bilde gehŏwen fatter vnd veber das ander bilde sv̊n vnd veber das dirthe heilliger geist; nv̊ was mir ŏch, wie neiswas zv̊ mir sprechende were: nv̊ maht dv wol glŏben, sidder das es ist, das du in eime steinne hest gesehhen, also das er mag habben drigge personen vnd doch ein stein ist vnd die drigge personen einer nattv̊ren, eins steines sint. Nv̊ do dis beschach, do fv̊te es got, das ich widder zv̊ mir selber kam, also v̊rschrag ich ettewas, wanne ich fant mich vnder den lúten sitzende an einer bredigen, wanne ich was fv̊rthende, das ieman v̊t von mir gemerket hette; also stvnt ich vf vnd ging in die kirche vnd befant do, das min glŏbe also gar ganc v̊rlúthet worden was, also das ich der noch in deheinen weg von vngelŏben nieme anne gefohthen wart. Abber die andern grosen vngenanten

---

2 *Schmidt* unwuste 11 *15. August* 13 *Mem.* kugelhuot
28 fv̊te = fuogte

vnreinen helleschen bekorvngen die můste ich habben folle vf diese zwei ior vnd můste si in groser phinlicher * marthel lidden, also das ich keins befintlichen trostes wedder von gotte noch von allen creatv̊ren, wedder in zit noch in eewikeit, nie gewar wart. Abber do die zwei jor vs koment, der noch gar kv́rcliche do befant ich wol, das mir der barmherzige got gar fv́r borgenliche, das mir gar alzv̊male vnbekant was, miner nattv̊ren zv̊ helfe kv̊men was, vnd hette das got ŏch nv́t geton, vnd hette mine nattv̊re dv̊sent nattv̊ren craft gehebet, si mv̊the sin anders in deheinnen weg v́rlitten habben, also gar gros was die vnmessige grose hellesche liddende bekorvnge gesin, wanne ich befant in diesen selben zweigen joren anders nv́t, wanne das ich alle zit alsollich we in mir befant, also das mich dv̊the, ich befv́nde hellesche phinne vnd we in mir. Vnd ich wart ŏch in diesen zweigen joren also krang, das man mich nv́t zv̊ Rome in dem jvbeljore wolte losen faren, vnd ich mv̊the ŏch van krankeit kein herin hemmede noch geisseln noch rv̊ten noch crv́ze fennigen noch doheine starke vsser vebvnge me getv̊n noch si in deheinen weg me v́rlidden, also gar krang hattent (37ᵃ) mich die grosen grv̊wellichen helleschen bekorvngen gemaht; vnd weis ich doch von der gnoden gottes wol, das in den zweigen joren min wille vsser gottes wille nie kam, wanne wie we mir was odder wie cranc ich ie wart odder was mir beschach, so was ich alle zit mit mv̊nde vnd mit herzen sprechende: herre, din wille werde bedde in cit vnd in eewikeit, vnd dv̊n mit mir armen sv́nder also dv wilt, nv́t also ich wil, es si mir liep odder leit, es dv̊n mir wol odder we. Nv̊ do ich befant, das ich in diesen zweigen joren also gar sere faste abbe genv̊men hette und also gar krang in aller miner nattv̊ren worden was, das ich sin ettewas v́rschrag, wanne mir min nattv́rlich

* *GF* 67.

lebben faste geriet lieben, vnd dar vmbe es mir liebende was, das was sache, das ich von der gnoden gottes wol etthewas befvnden hette die zit, die ich formoles in der zit gelebbet hette, das ich die selbe zit [die ich] one getteliche minne fv́rtribben hette: har vmbe so was ich glŏbende alle die zit, die ich formoles one getteliche minne fv́rtribben vnd gelebbet hette, das die selbe zit gar vnwert vor dem eewigen himmelschen fatter were, abber die zit do ich nv̊ gegenwertig inne bin in der liddenden minnenden schv̊le, do wrt man inne geleret, wie die geworen anne better den fatter in dem geiste vnd in der worheit anne bittent. Nv̊ in diesen zweigen joren do wolte mir min * herre vnd min got in allen dem grosen vnmessigen liddende, so ich hatte, in doheine wise nv́t gestatten, das ich keime menschen, er wer wer er wolte, nv́t mv̊the gesagen noch geclagen. Ich mv̊ste diese zwei jor alsollich gros liddende we habben vnd mv̊ste es alleine tragen vnd mv̊ste es vslidden, also das ich keiner helfe noch trost befant wedder in zit noch in eewikeit; darzv̊ so was ich diese zwei jor in aller miner nattv̊ren also rehthe krang worden, das ich alle zit gedochte, ich mv̊ste sin sterben. Wanne ich nv̊ von der gnoden gottes wol ettewas bekennede was also die zit, do ich nv̊ inne wer, das die frv̊htber were, har vmbe so det ich miner nattv̊ren zv̊ helfe vnd zv̊ gv̊te alles, das ich kv̊nde odder vir mv̊the noch cristonlicher ordenvnge, in der meinvnge das si widder zv̊ krefthen keme, das si eht fil v́rlidden mv̊the dem liddende vnsers heren zv̊ eren. Nv̊ wissent, solte ich odder vir mv̊the alles das geschribben habben von dem grosen mannig faltigeme liddende, das ich diese zwei jor leit, so glŏbe ich wol, das ich gar ein gros bv̊ch mv̊ste gehebbet habben, solte ich es

* *GF* 68.

15 indo heine 25 also: *lies* alle?

alles dran geschribben (37[b]) habben. Nv̊ dis ist von dem andern jore vnd von dem dirthen jore, von den zweigen joren ist es.

Nv̊ des fierden jores wart, do sach min herre vnd min got sine grose milte grv̊ndelose v́rbermede anne vnd sach vsser siner grosen minne mich armen sv́nder an vnd nam miner grosen kranckeit war vnd kam mir ŏch zv̊ stv̊nt mit alsollicher groser ueber nattúrlicher frĕden richer frĕde zv̊ helfe, also das ich zv̊ stv̊nt alles des wees vnd liddendes vir gas, also obbe das ich ie v́t gelitten hette, vnd wart ŏch in aller miner nattv̊ren also gar alzv̊mole creftig vnd starg, also obbe das ich nie kranckeit noch wees befv́nden hatte; vnd wart ŏch die vebernattv́rliche liehtriche getteliche minnenriche gnode also gar fŏl starg in mir, also das es beschach in mir, wanne ich einen menschen wart anne sehhende, so was mir, wie das ich in der lieht richen gettelichen gnoden wol etthewas sehhende was, wie das es vmbe in stv́nde. In dieseme fierden jore do wart ich * van gotte betwngen, vnd wie nette das ich es det, so mv̊ste ich es doch dv̊n vnd mv̊ste bv̊chelin schribben mime ebben menschen zv̊ helfe. Vnd in dieseme selben fierden jore do befant ich, das die drigge krefte, glŏbe vnd zv̊fv́rsiht vnd minne, gresliche gesterket vnd v́rlv́thet wrdent in mir. Ich befant ŏch gar vsser mosen v́ber nattv́rlichen fridden vnd frĕde in dem heilligen geiste. Ich befand ŏch in mir, das ich also gar fŏl veber nattv́rliches liehtriches frĕden riches trostes worden was, also das mir alle veserliche zitliche ding zv̊ nv́te worden worent; vnd darzv̊ alles, das got in zit vnd in eewikeit ie beschv̊f, das mv́the mich alles nv́t follenkv̊meliche getresten, ich mv́the anders nv́t follenkv̊menliche getrestet werden, wanne so der aller

---

* *GF* 69.

21 *Mem.* noete

obberste, mins herzen frĕde vnd miner sellen gemahhel, mine selle trestende was; dan so was alsollich gros hochgezit vnd frĕde, von der veber nattv́rlichen frĕden alle herzen nv́t gedenken kv̊ndent. Nv̊ wanne das hochgezit in miner sellen beschach, so befant ich wol in mir selber ein groses worzeihen, ich befant vnd wart sin gar wol gewar, das min herze veber swenkender frĕden also gar fŏl worden was, vnd wer es beschehhen, das die grv̊ndelose gv̊te gottes mir min herze in mime libbe veber nattv̊re behebbet (38[a]) nv́t enhette, so mv̊the es wol zv̊ mannigen ziten derzv̊ kv̊men sin, das mir min herze in mime libbe mv̊the zv̊r sprungen sin van alsollicheme groseme veber nattv́rlicheme frĕdenricheme troste, den ich vebber alle sinneliche vir nv̊mft befant; wanne wissent, das ich anders nv́t kv̊nde wissen, wanne das min selle in allen creatv̊ren, bedde in zit vnd in eewikeit, kein genvegede kv̊nde finden dan in imme selp selber. Wanne ŏch das beschach, das er selb selber kam, so befant ich ein alsolliche begnv̊gende folkv̊mene frĕde in mir, das frĕde veber frĕde was, also das ich in den sinnen nv́t vir stv̊nt, obbe ich in der zit odder in eewikeit was. Vnd dis grosen frĕden richen hochgezites des wart ich ettewenne zv̊ ahthe dagen odder zv̊ fierzenh dagen, etthewenne me, ettewenne minre, also es den got habben wolte, gewar; abber die zit, die dan dozwissent was vnd ich des grosen frevden richen hochgezites des vebernattv́rliche(n) trostes nv́t hette noch gewar wart: * so beschach es wol zv̊ ettelichen ziten, so ich an mime gebette was, also das mir dan wart in fallende, das eine begirde wart in mir vfstonde, vnd was die also, das ich gerne gehebbet hatte den frĕden richen trost mins herzen vnd sellen frĕde; wanne es aber beschach, das ich befant, das

* *GF* 70.

2 dan = da an 25 *NF* 72, 24 firzeh 34 *Schmidt* hette mis

diese grose begirde in mir vf wart stonde, so úrschrag ich sin gar sere vnd det alle mine craft do zů, wie das ich getette, das ich die begirte vir trůtte vnd sie al zů mole vir wrfe. Abber das beschach alzů mole vsser eime demůtigen grůnde, wanne ich wart ŏch den zů stůnt mit můnde vnd mit ganzeme herzen sprechende: ach, min herre vnd min got, ich bekenne von dienen gnoden das gar wol, das mich důnket, das ich nút wrdig bin, das mich das ertriche tragen sol vnd das ich den getar eine alsolliche grose begirde in mir losen vf ston, der ich armer súnder alzů mole vnwrdig bin; ach, herzeliep vnd sellen frĕde, ich begere es an diene grůndelose úrbermede, das du es nút zúrnest mit mir, wanne es mir van grůnde mins herzen leit ist; ach, herzeliep mins, es hat mich wnder, das es mir in min herze iemer kůmen getar, also daz min herze gedar begern noch alsollicher vebernattúrlicher frĕden richer wrdikeit, so ich armer súnder wol bekennede bin, das dv, einigest herzeliep mins, dvrch minen willen vffe dieseme ellenden ertriche nie gůte zit gewnne. Alsollicher worte vnd noch gar vil me demůtiger worte, die ich van ganzeme (38ᵇ) herzen zů vnserme heren vnd zů vnserme gotte reddende was, vnd důthe mich den ŏch van grůnde mins herzen aller trestlicher veber nattúrlicher frellicher gnoden gar alzůmole vnwrdig; vnd wanne es beschach, das ich dirre grosen lústlichen gnoden nút in mir befant noch gewar wart, so lobbete ich got rehthe in aller wise, also wol in dem darbende also in dem habbende. So ich al gedenke, so kan ich in allen minen sinnen nút finden, was der sachen můge sin, dervmbe mich got also gar miltekliche vnd also gar frelliche veber nattúrliche begobet vnd begnodet het, es si dan des schůlt, das ich wol gedenke, das ich mich gotte in allen sachen gar demůtekliche vnderwrfe vnd lose und nút sůche wanne sine ere vnd sinen willen,

3 vir trůtte: s. *S.* 7, 24 *Lesa.* 26 frellicher: s. *S.* 5, 6 *Lesa.*

bedde in zit vnd in eewikeit, vnd mich in deheinen sachen sv̊che noch meinnende was. Mir wart ŏch in dieseme firden jore gebben eine gar veber nattv́rliche grose gobbe, vnd was die gobbe also, das mir von der gnoden gottes gebben wart, also das ich* groses jomers in mime herzen befant, als das ich grose begirde hatte, vnd wer es der wille gottes, das ich gar gerne lidden hette; den jomer den fant ich in mime herzen noch liddende vnd das lidden, wer ŏch wie gros vnd wie swere es wolte, das wolte ich gar gerne vnd gewillekliche lidden, sime liddende vnd sime bittern dode zv̊ eren. hie noch so was min herze das firde jor dag vnd naht fŏl begirde, das doch widder mensliche nattv̊re ist; vnd dis hatte ich alles vsser der veber nattv́rlichen grosen gettelichen minnen, die mir got virlv̊hen hat. Ich befant ŏch in dieseme selben jore grosen jomer in minner begirden, vnd das was ŏch, das ich grose begirde in mir hette, vnd wer es der wille gottes gesin, das ich gerne vnder die heidenschaft wer gefaren, vnd das ich den heiden von cristonme glovben svͧlte geseit haben, vnd svͧlte ŏch das also lange vnd also fil geton habben vnze an die zit, das sie mich dvrch cristonsglovben willen sv̊ltent gros lidden vnd marthel anne geton habben, vnd was ŏch in dem ganzen willen, was phine vnd martel man mir annegeton hette, vnd des mv̊the nv́t so fil noch so gros gewesen sin, das ich darvmbe v́t wolte habben abbe gelosen, ich wolte alles fv́rsich gangen sin, vnd wolte das also lange vnd also fil geton haben vnze an die zit, das si mir den dot anne geton hattent, vnserme heren, sime strengen liddende vnd sime bittern dode zv̊ eren. Van allen diesen grosen wnderlichen werken, (39a) von diesen allen mv̊the ich mit nieman keine redde habben noch ein einigest

---

* *GF* 71.

31 *Schmidt* hettent

wort zv̊ nieman der van gesprechen vnze an ein̄e zit, also es got habben wolte. do gab got einen menschen in obber landen zv̊ vir stonde, also das er her abbe zv̊ mir kv̊men solte. Nv̊ do der kam, do gap mir got, das ich mit dem von allen sachns wol redden mv̊the; vnd der selbe mensche der war der welte gar alzv̊mole vnbekant; er wart abbee min heimellicher frv́nt, vnd dem selben menschen lies ich mich zv̊ grvnde an gottes stat vnd seite imme ŏch alle mine heimellicheit van diesen fier joren mins anne fanges. Vnd do ich es imme alles geseite, also es got gebbende was, do sprach er zv̊ mir: nv̊ se, lieber heimellicher frv́nt miner, das bv̊chelin, do anne geschribben stot fv́nf jor mins anne fanges, vnd gip dv mir geschribben diese fier jor dins anne fanges. * Do sprach ich: das wer mir gar swer, solte men v́t von mir befinden. Do sprach er: nv̊ habbe ich dir doch gebben fv́nf jor mins anne fanges, vnd das weis ich wol, das dv das nv́t von mir seist, also wening wil ich dis sagen von dir, ich wil es hin vf fere in das lant in mine heimmv̊t fv̊ren, do dv also vnbekant bist also ich zv̊ Strosbvrg bin, vnd davan so fach an vnd schrip rehte die fier jor dins anne fohenden lebbendes vnd schrip es an zwei bv̊chelin, vnd das eine bv̊chelin, das wil ich mit mir heim das lant vf fv̊ren, das ander bv̊chelin das solt dv hie bi dir behabben vnd solt din ingesigel dran henken, vnd besich, das dv es wol beschliesest, das es nieman befinde bi dieme lebbende. Do sprach ich: dis ist mir gar swere, sol men v́t befinden bi mime lebbende noch noch dode, wanne ich mag nv́t gelidden, das man mir v́t zv̊ leit, wanne es ist min nv́t, es ist

---

* *GF* 72.

16 *Hierauf folgt im Memorial ein größerer Einschub, s. Schmidt, Gottesfreunde S.* 71 *Anm.* 1. *S.* 72 *Anm. Z.* 6 *(s. auch Rieder S.* 197*, 12*) lies* sin gere vol sch. *Zu* gere *s. Schmidt, Hist. Wörterb. d. elsäss. Ma. S.* 133. 21 fere = ferre

gottes. Do er sach, das es mir also gar swere was zv̊ dv̊nde, do gebot er mir bi gehorsam, also das ich es mv̊ste dv̊n, abber er bekante doch wol, dar vmbe ich es also gar nette schreip, das ich das meinte vsser eime demv̊tigen grvnde. Nv̊ alles in dieseme selben fie(r)den jore, wie gar grose wnder in liehtricher groser veber nattv́rlicher gnoden mit mir wrkende was, noch * do so was ein vir borgen flegke in miner sellen, der selbe flegke mir noch do gar alzůmole vnbekant was; abber miner sellen gemahel, miner sellen frĕde, min herre vnd min got, der bekante wol, das ich des flegken nv́t bekennede was, vnd darvmbe so ging der barmherzige milte gerehte got, der v́nmv̊the des sv́ntlichen flegken in miner sellen nv́t v́rlidden vnd [en]half mir mit eime gar fremmeden (39^{b}) bilde, also das ich des flegken liddig wart. Nv̊ dir selbe flegke, der do in miner sellen was, das was sache, das ich gar grose lieht riche veber nattv́rliche gnode van gotte vnpfangen hatte, vnd in der selben vebernattv́rlichen liehtrichen gnoden vnd in dem selben liethe do inne, so was ich minen ebben menschen anne sehhende vnd ŏch scheczende, wie er vffe dieselbe zit in gebresten vnd in sv́nden vor gotte stv́nde; vnd dis was der fv́r borgene flegke, wanne ich solte in der gnoden habben annegesehhen minen ebben menschen nv́t also er nv̊ ist, me also er noch wol werden mag. Nv̊ in dieseme sv́ntlichen flegken do was ich etthewie fil zites inne, also das ich sin nv́t bekennede was. Nv̊ beschach es zv̊ einer zit, also do es got fv́gen wolte, das einer min gv̊ter frv́nt mich bat, das ich mit imme ginge, vnd ich det es. do nam er mich, vnd fvͧrte mich zv̊ einer gar stinkenden westen hofestat eins gemeinen sprochv̊ses; vnd do ich das vnreine weste ding gesach, do frote mich

* *GF* 73.

34 westen = wüesten

der gv̊te frv́nt vnd bat mich, das ich ime riete, es wer imme gar wol gelegen, vnd obbe men es reine mv̊the gemachen vnd v́t gv̊tes drvf gebv̊wen mv̊the. Nv̊ do er dis gesprach vnd ich die vnreine weste hofestat nv̊went annegesehhen hatte, do was mir zv̊ stv̊nt, wie ich in der bilde richen vir nv̊mft annesehhende was, was nv́cberes gv̊tes dinges drvs werden mv̊the. Nv̊ dis seite ich mime gv̊ten frv́nde vnd lies in do gon vnd ging ich in die kirche vnd wolte mich zv̊ mime gebette vnd zv̊ mime herren keren, also mine gewonheit was. Do beschach es, wie das ich min gebet annefohen wolte odder wie das ich mich keren wolte zv̊ gotte, so half es alles nv́t, vnd darzv̊ so was alles neiswas zernliche in mir sprechende vnd sprach ŏch alsus: ach, dv arme creatv̊re, wie bist dv so gar wnderliche dran, also das dv in diner sinnelichen fv́r nvmft gar wol geschezen kanst, also das vsser der westen vnreinen hofestat des vnreinen bohthv̊ses reine gv̊te schenne ding drvs werden mag, nv̊ sage mir dv an dir selber, dv arme creatv̊re, * soltest dv nv́t gar fil billicher vnd gar fil mv̊gelicher dienes ebbenmenschen, der nach gotte gebildet ist vnd in menslicher nattv̊ren sin brv̊der worden ist, wie gedarst dv den annegesehhen vnd in scheczen also er nv̊ ist? sage anne dv, soltest dv in nv́t gar fil billicher vnd gar fil mv̊gelicher [in] annesehhende sin zv̊ gv̊te vnd was vsser dieme ebbenmenschen noch gv̊tes werden mag, obbe der mensche mit sime eigin friggen willen sich selber derzv̊ keren wil? weller mensche das ŏch dv̊t, vsser dem mag ŏch wol eine reine gv̊te hofestat werden, do got ŏch selber innewonnen wil. Nv̊ do ich diese ding in mir gehorte vnd fv́r stv̊nt, (40a) do v́rschrag ich van grvnde mins herzen vnd rv̊fthe got mit groseme erneste anne vnd bat in,

---

* *GF* 74.

10 herzen 14 zernliche *'zornig'*

das er mir vir gebbe, ich wolte es niemer me getv̊n. Also wart ich dvrch diese weste vnreine materge des bohthv̊ses bewiset, do fv́r ich nv́t alles irdens gv̊t genv̊men hette. Nv̊ ist ŏch zv̊ wissende, das mir in dieseme fierden jore gar fil manniger hande sachen in gar fil manniger hande wege vnd wisen van der gnoden gottes wrdent geoffenboret, die nv̊ der gemeinde cristonner menschen gar fremmede vnd gar alzv̊mole vnbekant sint und es ŏch fil menschen vnglĕpliche mag sin; vnd har vmbe so ist es etthewas zv̊ glovbende, das got nv́t wolte, das ich fvrbasser schribben solte, wanne sin die welt nv́t vnpfengliche ist, wanne getteliche gewore minne gar ser faste in in fv́r losschen ist; vnd har vmbe so ist es nv̊ zv̊mole gnv̊g, wanne also es nv̊ stot, so wer es nv́t gv̊t, also das man die eddeln margriten vnder die swin wrfe. Nv̊ do es beschach das diese vier jor vskoment vnd die zit vir gangen was, in dem aller ersten monnotte der noch, do beschach es zv̊ einer zit, das ich van der gnoden gottes in ein gar gros vebernattvrlich lieht gezogen wart, vnd wart mir in dieseme selben hv́ndersten zv̊ge zv̊ vir stonde gebben, also das ich noch lenger hie in der zit bliben mv̊ste, vnd mv̊ste noch also lange in der zit bliben, vnze das ich fil wnderlicher werke von gotte befinden vnd sehhen mv̊ste, die got noch veber die cristenheit in manniger hande wise fv́r hengende wrt. vnd wanne ŏch diese ding beschehhent, das ich dan gewarnet solte sin, also das ich [besehhe, was werke dan got wrkende wrde, das wer in weller wise es wolte, das ich dan mit groseme erneste] besehhe, was werke got wrkende wrde, das ich min selbes do inne mit groseme erneste war solte nemmen * vnd sv̊lte in losen wrken sine werg, also er si habben wolte, vnd was werke er den wrkende

* *GF* 75.

14 fv́r lesschen

wrde, es wer mit mir selber odder mit der cristenheit, das solte ich alles dangberliche vnd demv̊tekliche vnd zv̊ grv̊nde gelessenliche van der hant gottes nemmen, vnd die zit, die ich noch in der zit bliben sv̈lte, die solte ich demv̊tekliche vnd einfeltikliche fv́rtribben vnd solte also wandeln vnd also lebben in alsollicher gv̊ter meinvngen, also das man nv́t befinden mv̊the, was got heimellicher werke mit dir gewrket hat odder noch wrkenḍe wrt. Nv̊ in dieseme selben zv̊ge do wart mir ŏch geoffenboret, also das ich nvmme solte also gar fil gevebet werden dvrch die mannig faltigen grosen bekorvngen, also doher gar fil besche(he)n ist, vnd die sache die ist darvmbe, das dv nv̊mehin wol gevebet solt werden, das dv in der liehtrichen gnoden sehhende wrst, also das die scheffelin werdent irregonde vnder den vnkv́schen vnreinen hoffertigen gritigen wolfen; nv̊ das selbe vnd noch me, das dv noch sehhende wrst, das wrt nv̊mehin din vebvnge vnd din crv́cze sin. Nv̊ sol men in der rehten worheit wissende sin, das ich glŏbe, vnd wer es der wille gottes gesin, das ich es mv̊the odder kv̊nde gedon habben, also das ich solte geschribben habben (40^{b}) van allen den grosen wnderlichen vebernattv́rlichen mannigfaltigen werken, die got mit mir, siner armen creatv̊ren, dis fierde jor wrkende was, so wenne ich wol vnd glŏbe es wol, vnd hette ich es denne gekv́nnet odder gemv̊get dv̊n, das ich van den grosen mannigfaltigen veber nattv́rlichen werken mv̊the geschribben haben, so glŏbe ich vnd hette ich den ein also gros bv̊ch gehebet, also man es in der zit findet, das ich es nv́t dran geschribben mv̊the habben. Ach, lieben frv́nde vnsers heren, ich beger, das men got mit groseme erneste vir mich bitte, wanne wissent fv́r war, es ist nv́t also derliche noch also lihthekliche widder in den eewigen vrsprung zv̊

8 *hier und im folgenden Übergang von indirekter Rede in direkte!*

kv̊mende, also fil einfeltiger menschen wennent, wanne wissent fv́r wor, also gar lv̊ter vnd also klor des menschen selle vsser irme v̊rsprvnge geflossen ist, rehte in aller wise also lv̊ter vnd also rehte clor, also mv̊s die selle e widder vmbe werden, obbe das si iemer dar zv̊ kv̊men mv̊ge, das si widder in den eewigen vrsprvng kv̊men mv̊ge. Nv̊ sol men wissen, das mir diese ding von diesen fier joren van mir selber zv̊ schribende gar alzv̊mole * widder was, vnd mv̊ste es doch fan gehorsam dv̊n; abber ich ging minen heimmelliche(n) frv́nt an vnd bat zv̊ mannigen ziten mit groseme erneste, das er mir v̊rlop gebbe, das ich es fv́rbrande. vnd dis was ich nv́t vebel meinnende, ich det es vsser eime demv̊tigen grvnde, wanne ich was fv́rthende, das man mir die ding wrde zv̊ legende, die gottes sint. Nv̊ do es mir also gar swere was, do wart mir zv̊ fv́r stonde gebben, also das ich van diesen fier joren sv̊lte also losen geschribben ston, also das man si noch mime dode finden solte, vnd solte dar noch des sicher sin, wie fil zites ich noch diesen fier joren in der zit bliben solte, was dan noch diesen fier joren beschehhe, weller hande werg das werent, si werent gros odder kleinne, das ich dan nv̊me svͧlte betwngen werden zv̊ schribbende. Zv̊ stv̊nt do ich das fvr-stv̊nt, do lies ich van diesen fier joren mins anne fanges vnd lies es also ston vnd lies es geschribben finden noch mime dode, also man es ŏch hie finden sol. Vnd do diese ding van dem fierden jore alles geschribben wart, das beschach in dem jore do man zallete von gottes gebv̊rt mccc jor vnd LII jor.

---

* *GF* 76.

5 e *‘vorher’*

II.

Des Gottesfreundes Fünfmannenbuch.

Dem sogenannten Autograph des Gottesfreundes schickt das Briefbuch Bl. 3ª folgende Einleitung voraus:

*Item der selbe leige und gottes frúnt, Růleman Merswins, unsers stifters geselle, schreip den brůdern zů dem Grůnenwerde mit sin selbes eigener hant an vier bogene bappires sin und siner brůder leben, daz wir nennent das bůch von den fúnf mannen; die selbe geschrift, dez lieben gottes frúndes eigene hant man billich halten sol in groszer wirdikeit glich eime heiltüme, also ŏch me hienoch geschriben stot. Darumbe sint die selben vier bogene, dez frúnt gottes hant, zů allernehst hienoch geordent und in gebunden in aller der gestalt und forme, unverandert zů glicher wise alse es Růpreht, ** dez lieben frúnt gottes diener, selber brohte Růleman Merswin unserme stifter zů dem Grůnenwerde, der es den brůdern gap mit einer missiven, die ŏch hienoch vor dem bůche geschriben stot, in den pfingesten anno dni m°ccclxxvij.

*** Dis ist eine abegeschrift einer missiven, die der liebe gottes frúnt in O̊berlant her abe sante den brůdern zů dem Grůnenwerde mit dem bůche von den fúnf mannen, das hienoch geschriben stot mit sin selbes hant.

In Cristo Jhesu usser sime uz flússigen minne quellenden herzen so můszent gegrůsset sin, mine vil lieben brůder zů dem Grůnenwerde. Mir hat Růlemanne, min heimelicher frúnt, geschriben, also daz mich die jungen brůder gebetten habent, also daz in ettewaz gůtes geschriben werde. Nu vil lieben brůder, ich kunde mich nu zůmole nit beszers verston, wan daz ich úch schriben súlte unser brůder leben, und das habe ich ouch geton und habe úch gesant ein teil unser lieben brůder leben; wanne wiszent, und solte ich úch von worte zů worte alles ir leben geschriben haben, so glŏbe ich, daz ich es kume an ein gantzes meszebůch geschriben mŏhte haben. Und wiszent, daz ich úch der brůder leben geschriben habe, do habe ich inne gemeinet, und wer es daz es beschehe,

* *GF* 76; *NvB S.* IX; *Rieder* 69*, 12. ** *GF* 77. *** *NvB* 309 *Nr.* 11.

19 *der folgende Absatz in roter Schrift.*

daz uwer brůder eime alsoliche gnode wurde, * also daz er ubernatúrliche von dem heilgen geiste begnodet und berůret wurde, weleme brůder daz under úch beschehe, der moͦhte danne wol ettewaz lere in unser brůder leben finden, also daz er sich deste baz darnoch gerihten kunde; wanne wiszent, lieben brůder, daz got sine frúnde gar ungelich in fůrende und ziehende ist, wanne er in siner ewigen wisheit gar wol bekennende ist, was eime ieglichen menschen mit sunderheit zů gehoͦrende ist. Vil lieben brůder, ich hette uch gar gerne alle ding in uwer sproche geschriben, alse ich oͦch wol kunde, und wolte es geton haben, also vergas es mir gar vil, und habe uwer sproche und unser sproche underenander geschriben; und darzů so ist die geschrift gar úbele zů lesende; der es nochschriben sol, der můs der sinne warnemen. Mir waz not, ich schreip alle diese ding in fúnf dagen, wan ich můste Růpreht hinweg senden. Lieben brůder, und ist es nu, das ir dise ding nit wol kúnnent gelesen und noch úwerme dútsche anderwerbe abegeschriben, ** so befelhent ez brůder Nycolause de Loͦfene, daz er es abeschribe; und darumbe so habe ich in oͦch gebetten und habe (3^b) ime ernstliche geschriben und habe es mime heimelichen frúnde oͦch befolhen ...

Lieben brůder, ich rote úch uszer gelichen truwen: alles daz ich úch geschriben von allen unsern brůdern habe, daz ir daz gent uwerm kommendúr von gehorsame wegen in sine hant und lont es in besehen. Sprichet er denne, ez sige ime liep, daz ir es habent, und git es úch wider, so nement es von gotte und von siner hant in gehorsame widerumbe; und wer es aber, *** daz der comendúr spreche, ir sullent ez nút haben, so súllent ir es ime in gehorsame oͦch lossen. Also súllent ir in allen dingen gehorsam sin, es tů der naturen we oder wol; und daz ist oͦch reht und ist oͦch ein rot dez heilgen geistes ...

Lieben brůder, ich beger an úch, daz ir got vúr mich bittent und vúr alle unser brůder; wanne wiszent, sint wir nút mit dem libe bi úch, so sint wir aber mit unser minnen vil bi úch.

Datum circa festum penthecostes anno domini M^{o}CCC^{o}lxxvij.

**** Hie vohent ane die vier bogene, daz bůch, von dem do vor geseit ist, alse es der liebe gottes frúnt mit sin selbes eigener hant den Johansern zů dem Grůnenwerde geschriben, het von dem lebende sin und siner geselleschaft in Oberlant.

---

* *Rieder* 70*. ** *GF* 78. *** *Rieder* 71*. **** *GF* 79; *Rieder* 71*, 18.

38 *Mai* 1377. 40 *die Überschrift rot.*

(4ª) * In Cristo Jesv minan vil lieban brv̊der, mir wart etthewas in gesprochan vnd habbe och do nach gedocht, vnd ich wil v́ch etthewas vssar gettelichar minnan vnd vssar cristenlichar brv̊derlichar trv̊wan van vnsar brv̊dar lebban etthewas schriban vnd sol v́ch eins brv̊der lebban noch dem andern kv̊nt dv̊n. Nv̊ lase ich v́ch wissan van dem ersten brv̊der. Der selba ersta brv̊der, da lasa ich úch wissan, das der van gv̊gent vf sich gar gresliche vnd gar strenclicha in dem liddende unsers heren gevebet hat, vnd was die vebvnga also gar gros vnd in also vil gar maniger hande wisa, also das wir wol war nomant, das er imme selbar zv̊ not det. Vnd es beschach zv̊ mannigen zittan, das wir es ime weren vnd abbe nemmen mv̊stent; vnd so man imme das det, so was er doch getv̊ltig vnd gehorsam dinne. Nv̊ wissent, das er in dieseme grosan vebandan strengan lebbende wol vffe xvııȷ jor was, also das er van gotte keins veber nattv́rlichen trostes nie ** gewar wart, vnd leit sich doch do inne gar gv̊tliche vnd in groser demv̊tikeit, wanne imme was alle zit inne, das in des nv́tt dv̊the, das er keins veber nattv́rlichen trostes wert were vnd er sin ŏch nv́t habban sv̊lte. Lieban brv̊der, nv̊ wissent, das es noch kv̊me vffe zwei jor ist gesin, das got sina grv̊ndelose v́rbermede in siner grosan miltekeit in lies befinden, vnd wart berv̊ret vnd befintliche begnodet veber nattv́rliche in frĕden richer veber nattv́rlicher frellicher wnnenklichar gnoden richer gobban, die vnsprecliche sint. Vnd es beschach zv̊ mannigan zittan, das er wart gezogan in alsolliche grose lv́stliche richeit, also das der veber nattv́rliche lust also gar gros wart, also das es dvrch das lipliche herze har vs brach, also das es zv̊ etthelichen zitten beschach, das wir sin war nament vnd sin hv̊tan mv̊stant, also *** das er nv́t vs breche vnd jv̊belierenda wrda. Abbar dis

* *GF* 79; *NvB* 102. ** *GF* 80. *** *NvB* 103.

jv̊belieren das ist nv̊ etthewas gestillet, wanne er gerottet nv̊ in der nattv̊ren etthewas befinden, das si van dar grosan vebvngan etthewas cranc wordan ist, also das er sich nv́mme vf dem liddende vnsers heren geveben mag, also er formoles geton hatte; vnd das selba das ist imme etthewas swere, abber er hat sich nv̊ gotte zv̊ grv̊nde gebban vnd in allen sachen gelosan, bedde in zit vnd in eewikeit. Nv̊ ist es gar in kv̊rzen zithen beschehhan, das imme got vebar nattv́rliche gobban gebban hat vnd die gar ver alle mosa gros sint vnd die nv̊ in diesan hv́ndern zitan nv́t fil menschen bekant sint. Nv̊ wissant, got der hat dieseme brv̊der die gnade geton, das er wol mit worheite sprechen mag, das er alle zit ganc vnd gar in sime nattvrlichan herzen [ganc] findet, also das er grosen gomer vnd begirde hat, wer es der wille gottes, das er gerne liddan hetta, das wer in weller hande lidden das wer, das mv̊the nv́t so gros gesin, er wolte es gerne habban vnd liddan dem liddenda vnsers heren zv̊ eran. Er findet ŏch alle zit in sime herzen, das er ŏch grosan jomer hat, also das er gerne einen bittern strengen dot solte lidan, dem dode vnsers heren zv̊ eran. Nv̊ wissent, nv̊ hat in got zv̊ manigen ziten fv́r sv̊ht, das er in der nattv̊ren also krang wart, das wir gedochthent, er solte zv̊ stv̊nt sterban. So leit er gar gros we also gar gv̊tliche vnd also gar gelesenliche vnd alles sprechende, wer es der wille gottes, so wer imme liep, das sin me were. Dis ist eine grosse gnode in dieseme brv̊der, wanne wo der mensche das allezit * in sima liplichan herzan treit vnd alle zit dinne jomer findet noch liddende, dem liddende vnsers heran zv̊ eren, das ist widder mensliche nattv̊re .und ist (nv́t) in der nattv̊ren vnd ist veber die nattv̊re. Nv̊ hatte dir brv̊der gar

---

* *GF* 81.

11 ver = fv́r *oder lies* v(b)er? 34 *Mem.* nv́t.

fil bekorvnge vnd gar gros in manniger hande wise, vnd die bekorvngan die hat imme got gar gros gelosan vnd also gar strenga in gar vil wester mannig faltiger wisan, da van nv́t zv̊ sagende ist; vnd dis swere grose liddan dir sweren bekorvngan, das nimmet er van gotte also gar dangberliche, vnd ist sprechende, vnd hette er diese bekorvnge nv́t, was er dan dv̊n solta, so wer er doch onne lidden. Vnd wissant, wanne es beschiht, das er sich findet onna allas liddan, es si vssewendig an dem liba odder abber indewendig in bekorvngan, so rv̊fet er zv̊ gotte in den himmel vnd sprichet: ach, barmherziger got, ich bin * etthewas fv́rthende, dv habbest min fv́r gessen. Nv̊ wissant, also ich diesan brv̊der bekennende bin, also gar grose minne er hat, also das er gerne litte dem liddende vnsers heren zv̊ eren, so bin ich glŏbenda, vnd wer es, das es beschehhe, das man in sv̊lte marteln also den lieban sant Lăwerenzigen odder also ander heillige mąrteler, die ŏch also grosse minne hattent, so man si martelte, das dan (4[b]) die getteliche minne also gar gros vnd starg in in was, also das si vebertraf die nattv́rlicha marthel, also das si dar nattv́rlichen marthel nv́t gewar wrdent. Nv̊ wissent, das ich glŏbe, vnd wer es, das es beschehhe, also das dieser vnser brv̊der ŏch alse gemartelt wrde, so glŏbe ich gar wol, das die getteliche minne in imme also faste brande vnd also starg were, also das er dar vssern marthel ŏch nv́t gewar wrde. Nv̊ sv̊llent ir ŏch wissen, das got dieseme selban brv̊dar in diesan zweigan hv́ndern joran also gar vsser mosan vil gv̊ttas geton, das vnsprechliche ist, er hat in gar fiel veber nattv́rlicher frĕdenricher gobban in alsollicher groser vebernattv́rlicher frĕdan lasan befindan, die der welte vnbekant sint vnd ŏch veber alle sine

* *NvB* 104.

3 wester, s. *S.* 81, 8 *Lesa.* 32 *Mem.* geton het.

sinneliche virnv̊mft sint. Abber got der hat es nv̊ gefv̊get vnd hat imme gebban, also das er in diesan dingan in der nattv̊ren also gar vsser mosan sv̊se vnd semftmv̊tig vnd gar frelliche worden ist, also das es gar schědeliche were, das er bi keiner andern geselleschaft wer, die sins dinges nv́t bekantent. Wanne wissent, * wie heillig das menschen werent in groser vssewendigar vebvnge, si mv̊thent sins dinges nv́t wol gelidden. Die kardv́ser das sint gar heillige gv̊te lv́te, wie das sigge, noch dan so nemme ich nv́t gros irders gv̊t, das er ein jor bi in wonnen svlta, wanne si mv̊thent sin nv́t gelidden vnd kv̊ndent sin nv́t gelidden vnd ergertent sich dar zv̊ drabbe, wanne er hat sich xviij jor in dem liddende vnsers heren gevebet in groser vebvngen vnd ist nv̊ dar zv̊ kv̊men, so ander lv́te fastent, so mv̊s er essen, vnd etthewenne so si essent, so kv̊met imme eine frellicheit in, das er nv́t essen mag, das er fasten mv̊s, vnd so die zit aller trv́rigest ist, so ist er [in] in dar willent aller frellichest. Wer kv̊nde dis gelidden, die sin lebben nv́t kantent? wanne wissent, das er zv̊ etthelichan zitan vnder vns siczende ist vnd wrt also minnenkliche sv̊sekliche lachende, vnd in dem selban lachende, so habbe wir zv̊ mannigen ziten gesehhen, ** das imme dic trehhene zv̊ beddan ŏgen vs flv̊ssent vnd flv̊ssent veber bedda bagcken abbe. Nv̊ so ist es wol zv̊ etthelichen zitan beschehhen, das wir in frogande wrdent vnd sprochen, wie das kemme odder wie das were, das er mv̊the alsa gar gv̊tliche gelachan vnd ŏch do inna also gar ernesch-licha geweinan, wanne die zwei die sint gar widder-wert in der nattv̊ren: so sprach er: das wil ich v́ch

* *GF* 82. ** *NvB* 105.

11 irders (!) *hier und im folgenden, auch ZM ed. Lauchert* 30, 17; *Änderung in* irdens *ist deshalb zunächst nicht statthaft; vgl. auch Anz. f. deutsches altertum* 24, 213. 13 drabbe: *Kleines Mem.* darobe, *SGallen* dar abe 19 f. in dar w.: *Kleines Mem.* vnderwilen; *ebenso NF* 27, 13 (*s. meine Kollation*) in der willen *für* underwilen

sagan, so sv́llent ir wissen, das ich nv́t weina, wanne die trehhene, die also gv̊tliche, also lachende van mir fliessende sint, die selben trehhene die gont van mir onne alles min zv̊dv̊n vnd sint ŏch gar gv̊te sv̊se minne trehhenne, vnd si gent mir ŏch grose craft vnd si sint mich nv́t krenckende, also die trehhene dottent, die ich mit grosan arbeiten harvs bringan mv̊ste vmbe das lidden vnsers heren vnd vmbe mine fv́r lorne fv́r sv̊mete zit; vnd diese selban trehhene, die ich alsus mit grosan erbeitan hervs brohthe, die dottent mir darzv̊ zv̊ mannigen zitan gar we in dem hŏbete, vnd also gar we mir die betwngen trehhene dottent, also wola so dv̊nt mir nv̊ diese sv̊san vnbetwngene minne trehhene, die onne alle erbeit vnd onne alles min zv̊dv̊n fan mir fliesende sint. Nv̊ dis ist van vnserme ersten brv̊der.

Nv̊ van dem andern vnserme brv̊der. Da wissent, das der ein eman ist gesin; vnd do der selbe eman, er vnd ich bedde jvnc worant, do wora wir mittenander gesellan, vnd er was van dieseme irderschen gv̊ta gar riche, vnd wie jung er was, so was er doch gegen armen lv́tan gar milte vnd was ŏch domitte gar ein sv̊ser gv̊therziger semft mv̊tiger mensche. Vnd do dir junge man wol vffe sine xxiiij jor alt wart, do woltent sina frv́nt nv́t vnberen, er solte ein ewip nemmen; do er sach, das den frv́nden also ernest was, do was gar eine schenne junfrowe in der stat, die er etthewas liep hatte vnd ŏch si in widdervmbe, vnd er gap den vrv́nden zv̊ verstande, sidder das si woltent, das er ein wip nemmen solte, das si dan das wissen soltent, das er keine ander wip wolte dan die junfrowe; also rettent die frv́nt darzv̊, das imme die junfrowe wart; vnd des worant si bedde gar fro. Also beschach es, das diese zwei gemechede fier jor biggenander

---

14 minne vnbetwngene tr.; *SGallen* die vnbetwungenen mine trehen 20 irderschen *s. S.* 33, 11 *Lesa.* 28. 33 *vielleicht auch* junfroewe

worant in gar groser frv́ntschaft vnd liebe, vnd rehta wie eins wolta, das wolta ŏch das andere. Vnd in diesan fier joren do vir lech in got zwei kindelin. Nv̊ do es in das fv́nfte jor kam, do wart dir eman gedenkende an die grose vntrv̊we, die in der welte were, vnd fiel imme die welt gar vsser mosen swerlichent in, vnd wart imme ŏch gar ser leidende vnd * ging also in imme selber trv̊rende, also das es das wip geriet war nemmen, vnd si sprach zv̊ imme, was imme wer odder obbe imme v́t breste. Do sprach er: jo mir bristet (5[a]) sin rehte gnv̊g, vnd ich wolte wol, das ich mich dir falschen welte nie also fil vnder wnden hatte, noch also vil nie anne genv̊man hatte, also ich habbe geton, wanne ich ir vntrv̊we wol bekende bin wordan, dovan so gerotet mir die welt also gar sere leiden. Nv̊ do dis das wip v́rhorte, do v́rschrag si vnd strofete in vnd sprach, er hatte vnrehte, das er sich sollicher sinne anne nemme, vnd es mv̊the imme wol der dv́fel dv̊n, also das er imme gerne ein krankes hŏbet mahthe. Also ging dir eman das fv́nfte jor vs in ime selber zv̊ gedenkende vnd was trv̊rig, wanne er nv́t woste, wie er dv̊n solte, das er der welte etthewas liddiger wrda. Also beschach es darnoch in dem ** sehsten jore (zv̊) dar selban fastan, also das er wart sinde an einer stat, do er gerne heimmeliche sin gebet pflag zv̊ dv̊nde, vnd do beschach es, das er got mit gar groseme erneste wart annerv̊fende, vnd wart imme also gar ernest, also das er got mit fliesenden weinnenden ŏgen wart bittende, also das er imme gebbe zv̊ vir stande, wie er sich haltan sv̊lte odder wie er dv̊n sv̊lte odder in weller wise das er es anne fohen sv̊lte, also das er sin lebban besserda wrda, also das er der welte liddig wrde vnd das er zv̊ eime

* *NvB* 106. ** *GF* 84.

3 loch 23 *nach* solte *nochmals* odder wie er dv̊n solte. *Vielleicht hiess es ursprünglich* was (*so SGallen*) er d. s. odder wie er d. s.

nohern lebbende kv̊men mv̊the, also das er sine sv́nda gebv̊san mv̊tha. Do er also weinende in dir erneschlichen bette was, in dem selban do was imma vnd dv̊the in ŏch rehte eigenliche, wie eine virmanvnge in imme sprechende were, vnd sprach die alsvs: dv solt diene gelv̊beda, die dv dar heilligan e geton hast, die selbe gelv̊beda die solt dv noch gettelicher cristenlicher ordenvnge stette haltan. Dis insprechendes des was er gar fro vnd nam es rehte, also wer es ein insprechen des heilligen geistes gesin, vnd meinde, der heillige geist der riete nv́t wanne das beste vnd vffe das allerheheste. Van diesan dingan do seite er dem wibe noch nieman nv́t van, abber er wart des andern dages in imme selbar gedenkende: sidder das der heillige geist nv́t anders rottet dan vffe das allerhoheste lebban, so solt dv nv̊ rehte gedenken noch dar heilligen lebben, die ŏch in der e sint gesin, vnd wie ŏch die gelebbet hant, den solt dv ŏch noch mit der helfe gottes leren lebban. Nv̊ wart er gedenkende vnd wart imme ŏch gar faste in fallende, wie der liebe sant Ossewalt sin lebban in dar heilligen e noch gottes wille vir tribban hatte, vnd fiel imme ŏch mit dem selban in, wie die lieba sant * dElsibet ŏch ir lebban in der heilligen e fv́r tribban hatte. Do imme nv̊ dire zweiger heiligen lebban alsus in fiel, do wart er in ime selbar gedenkende: dv solt nv́t losan, du solt diese ding dieme gemechede, dieme wibe sagen vnd solt ir sagan vnd gar sere faste rv̊mende sin, wie die liebe hohe froewe, die liebe sant Elsebet ir lebben in der heilligen e fv́rtribban hat, vnd dan so sage ir ŏch, wie dar liebe sant Ossewalde ŏch sin lebban in dar heilligan e fv́rtribban hat. Vnd wanne dv ir dan von dir zweiger bedder heiligen lebban geseist vnd si ir mit groseme erneste gerv̊mest, dan so solt dv mit groseme erneste mit ir reddan vnd solt si mannen an die zit, wie

* *NvB* 107.

24 delsibet

gar kv̊rc si ist, vnd solt si den bitten, das si es vmbe * getteliche minne dv̊n welle, also das wir bedde der vebel lonenden welta v̊rlop gebbant vnd vns vnderwindent der zweiger heilligen etthewas nochzv̊folgende, dv der lieban sant dElsebet vnd ich dem lieben sant dOsewalde, vnd sprach do: liebe froewe vnd lieber gemahel minar, ich habba dich liep gehabat noch dar zit, nv̊ bin ich dich ŏch schv̊ldig zv̊ minnende vnd liep zv̊ habbende do wir eewekliche wonnen vnd bliban mv̊sent; harvmbe, lieba froewe, so rotte ich dir vnd ŏch mir vsser getteliche r minnen, also das wir der welte v̊rlop gebbant vnd vnser lebben annefohent der lieben sant dElsebette vnd dem liebe(n) sant Ossewalde noch, die bedda van groseme geschlechte noch dar zit sint gesin; liebe froewe vnd lieber gemahel, dv̊n wir dis, so werda wir bedde kv́nnig vnd kv́negin in dem eewigen riche iemer me eewekliche. Nv̊ beschach es zv̊ stv̊nt, do er diese redde getet vnd es das wip gehorte, was siner meinvnge was, do wart si zv̊ stv̊nt gar usser mosan zornig vnd brach vs mit gar zornmv̊tigen hertan wortan vnd sprach gar hertekliche zv̊ imme: dis habba ich dir vor langen ziten geseit, das dich der dv́fel triggende wrde vnd dir das hŏbet crang wrde, also es ŏch nv̊ beschehhen ist. Nv̊ do was ŏch do alle die liebe vnd trv̊we vnd frv́nschaft vs, die si vormoles ie zv̊ samme gewnnent, vnd das wip swar ŏch zv̊ stv̊nt do gar dv́re vnd sprach zv́ dem man: sidder das dv mich genv̊men hast, so mv̊st dv ŏch bi mir sin vnd mv̊st ŏch bi mir bliben, es si dir liep odder leit, es dv̊n dir we odder wol, vnd darzv̊ so mv̊st dv bi mir an mime bette schlofen vnd darzv̊ so wil ich dir heissen eine bv́tte mit kalteme wasser in die (5[b]) kammer seczen, also das dv dich sant Ossewalde nach vebende

* *GF* 85.

4 *Der Genitiv wohl durch* underwinden *begünstigt.* 5 delsebet 6 dosewalde 14 delsebette

sist, vnd lo sehhen, wie lange dv das triban wilt. Des selben dages do es naht wart, do das wip schlofan ging, * er wolte der e gehorsam sin vnd mv̊ste sich zv̊ ir an das bette leggen; vnd das wip die hatte in dem dage ein bv́te mit kalteme wasser (geton) in die kammer seczen. Nv̊ das wip die mahte sich an dem bette zv̊ dem man vnd geriet frv́ntliche zv̊ imme redden vnd hatte ŏch damitte alle die geberde, die in zv̊ vnkv́schekeit reisan mv̊the. Nv̊ der man der wonde nv́t, si meinde es also si mit den geberden geborta, vnd er gedothe, dv solt der e gehor**sam sin, got der wil fillihthe eina frv̊ht van v́ch habben, vnd wolte dem wibe gehorsam sin. Nv̊ dis das wip gewar wart, das er des weges wolte, do sprach das wip zv̊ stv̊nt: nv̊ stant vf in aller dv́fel namme vnd v́rkv̊le dich in der bv́ten des kalten wassers, wanne alle die wille das dv also dv̊st, so wrst dv min man niemer vnd dar zv̊ so mv̊st dv alle naht ein alsollich lebban van mir habban. Der man stv̊nt van dem bette vf vnd mahte e(i)n krv́ze fv́r sich vnd sas in das kalte wasser, vnze das er rehte wol v́rfror vnd imme ŏch rehthe we beschach. Nv̊ do es dag wart, do ging er hervs vnd ging in sin sv̊nder kemmerlin vnd det do inna an ein herin hemmede vnd eina banzier drv́ber. Aber alle naht so mv̊ste er sich gerwe vs ziehen, wanne das wip anders nv́t wolte, wanne sie det es darvmbe, das sie ime alle naht dise selbe martel anne getv̊n mv̊the vnd das si in ŏch in das kalte wasser brehte. So nv̊ die zit kam, das man essan sv̊lta, so wolta das wip nv́t, das er me zv̊ irme dissche sesse, er mv̊ste mit den knehten essan, vnd nam si ire zwei kint vnd ire junfroewe zv̊ irme dissche vnd as ŏch mit den, das si wolta, vnd si vir bot den kinden, das (si) nv́t getorstent zv̊ irme

---

* *NvB* 108. ** *GF* 86.

6 geton *SGallen* 10 wonde nv́t *s. erstes Heft* I 17, 32 f. *Anm.* 17 wille = wîle

fatter gereden, vnd fv́rbot allen irme gesinde, das si nv́t soltent dv̊n, was er si hiese. Dir man der rette mit dem wibe vnd bat si, das si es dvrch gottes willan dette vnd alles ir bedder gv̊t neme vnd ire zwei kint: vnd siddar das es also v́rgangen ist, das dv min in deheinan weg me bederfende bist, so wil ich dir es alles samment vf losan, also das dv mir v̊rlop gebbest, also das ich priester werdan mv̊ga, vnd darzv̊ so wil ich dir also hohe vnd also dv́re sweren, also hohe mit fv́rbv́ntnisse, also das ich dich noch dv mich, wir bedde niemer annander gesehhen mv̊gent: also gar fere wil ich dir van den ŏgen gon, das ich dich nv́t ire. Do er diese wort mit dem wibe gerette, do sprach das wip mit gar alzv̊mole zornmv̊tigen wortan vnd sprach alsvs: dv solt das wissenda sin, das dv mich gebettan hast, das dette ich alzv̊mole gerna in alsollichar meinvngen, das ich * dich niemer me gesehhan sv́lte, vnd ist das sacha, das ich dich also gar vebela hassende wordan bin, vmbe das dv dich den dv́fel zv̊ eime rehtan doren hast gelosan machan, vnd dar selba dv́fel der ist ŏch mit allen sime her in dich gefaren, vnd dv solt das wissende sin, wie gar vebela das ich dich hassende wordan bin van veberigeme hasse, so mag ich dir es nv́t zv̊ liebe getv̊n, das ich dir gv̊nne noch ** v̊rlop gebben mag van mir zv̊ kv̊mende, dv mv̊st dir selber zv̊ leide vnd we, zv̊ vngemache bi mir sin vnd ŏch alle die wille das dv lebbest, vnd darzv̊ so mv̊st dv ŏch bi mir alle naht an mime bette schlofen in alsolicher wiese, in sollichen erbeiten also lange vnze an die zit, das der dv́fel widder vsser dir kv̊met vnd widder zv̊ rehten sinnen kv̊mest, also do dv for inne bist gesin. Nv̊ do dir man in diesema grosan liddenda was, do fiel imma in den sin vnd wart gedenkende, das er sv̊lte gan

* *NvB* 109. ** *GF* 87.

12 fere = ferre 13 ire = irre 28 wille = wile

zv̊ grosan lerern vnd sv̊lte in sine sache fv́rlegen vnd sv̊lte si rottes frogan, obbe das es in deheinan weg sin mv̊the, also das er dem wibbe alles ir bedder gv̊t gebba vnd ir die kint liese vnd er in einen walt ginge vnd einsiddel wrde vnd der welte liddig wrde vnd ŏch priester wrde. Nv̊ welle lerer er das frotte, die sprochent alle, es mv̊the nv́t sin onne iren willan. Er seite den lerern fil sines dinges, wie es in imme were vnd wie er aller der welte trost wolte gerne losan vir sine sv́nde vnd fv́r sina vir lorne zit, vnd seite in fil gv̊tes dinges, also imme in dem sinne was; ie me er seithe, ie me in die lerer strofetent: was er meinde, er hatte doch gar ein bidderwe schennes tv̊getaftes wolgefrv́ndes wip, was er mitte meinde? vnd sprochent, es mag wol ein rot sin der besen geiste, die do gerne ein sollich spiel zwissent zwei elv́te inwerfent, also das si lv̊gent, obbe das si si v́t fv́r irren mv̊thent in diesen dingen. Do beschach es, das der lerer einar dar ging vnd ging zv̊ dem wibe vnd seite ir alle ding, wie das er ginge rot frogende zv̊ den lerern, vnd er sprach ŏch zv̊ dem wibe: ach, liebe froewe, ich rotte v́ch in allen trv̊wen, das ir nv́t lont, ir besendent alle sine frv́nt vnd ŏch vgwer frv́nt vnd sagent vnd clagent den frv́nden van imme vnd bittent si, das si v́ch zv̊ helfe kv̊mant, vnd sprechent: helfent ir mir nv́t in strofen, also das er widder ettewas zv̊ sinnan kv̊ma, wissant, dv̊nt ir des nv́t, so wil ich keina schv̊lda mitte habban, wanne er wrt zv̊ eima rehtan doren. Nv̊ das wip die was folgende dem lerer vnd besante alle ir beddar frv́nt vnd seithe in rehte alle ding noch des lerers rat. Die frv́nt die santent ŏch noch dem man, er kam ŏch; * das wip die hv̊p vf vnd clagete vor dan frv́nden allen obbe dem manne, vnd gingent ir die

---

* *NvB* 110.

17 *ob* spiel *wirklich das ursprüngliche ist?*

wort gar zertliche mit weinenden ŏgen harvs, also das alle die es sohent, die wrdent beweget vnd fielent in grosa v́rbemeda van iran wegen; vnd die * frv́nt die wrdent etthewas hertekliche sprechenda zv̊ dem man: sag an, was rest dv herzv̊? Der man der wolte nv́t von dem wibe sagen noch clagen noch wolte sich selber nv́t behelfan, dovan es sin selbes nattv̊re anne ging; wanne so fil rette der man vnd sprach: ir sv́llant wissan, das ich der welte gelebbet habe vnd ir faste gedienet habbe, vnd das habbe ich nv̊ nv́mme willen zv̊ dv̊nde, vnd wil nv̊ anne fohen vnd wil got bitten, das er mir mine sv́nde fv́rgebbe; ist das vnrehthe geton? des glŏbe ich nv́t. Die frv́nt die sprochent: was hest dv dan gedon? lebbe also dv doher gelebbet hast in dar heilligan e, so dv̊st dv gotte einen grosen dienest, vnd redthent noch gar fil me worte alles in strofender wise. Er lie si reden alles das si woltent, vnd bleip er doch alles in siner redda vnd sprach anders nv́t, wanne das er der falschen welte nv́me lebben noch dienen wolthe. Nv̊ do die frv́nt hortent, das er nv́t anders reddan wolte, do spottent sin die frv́nt alle vnd sprochent: nv̊ sehhen wir nv̊ erst rehte wol, das dv zv̊ eime rehten doren werdan wilt. Nv̊ do das wip v́rsach, das der frv́nde strofan ŏch nv́t helfan wolta, do wart sie noch do gar fil zorniger veber den man dan for vnd det imme do erst mit worten vnd mit werken die aller greste smocheit vnd martel anne, die si in aller ir sinnelichen nattv̊re v́rdenken odder v́rzv́gen mv̊the. Diese grose virsmehthe vnd dis grose lidden das mv̊ste er alsvs van dem wibbe lidden. (6ᵃ) Nv̊ do er in dieseme grosan lidde(n) onne aller menschen behelf wol vffe ein halbes jor [wol] gesin was, do beschach es vffe eine zit, also das er an mich wart gedenkende vnd

* *GF* 88.

5 rest = redest

gedochthe, ich wer etthewenne sin geselle gesin: dv solt rehte zv̊ imme in sine stat gon vnd solt imme alle dine sachen sagen vnd solt in den bitten, das er es dvrch got dv̊n vnd dir rot gebbe, obbe dv in doheinen weg mv̊gest zv̊bringen, das dv mit gotte van dem wibbe kv̊men mv̊gest. Also beschach es, das er zv̊ mir kam, vnd ich hies in gar frv́ntliche wilkvm sin, wanne ich (in) in fil joran nv́t me gesehhan hatte. Vnd hv̊p zv̊ stv̊nt an, vnd was imme gar not, wie das er mir alle sine heimmelichen sachen gesagete. Vnd do er mir alle sine grosen sweren sachen alle geseithe, do mannete er mich in gotte also hohe, also er mich gemannen mv̊the, das ich imme riete, * wie das er dv̊n solte. Do sprach ich: vnd hattest dv ** mir nv́t geseit, wie es dir mit den lerern v́rgangen were, so wisete ich dich zv̊ stv̊nt zv̊ den lerern vnd das du mit den zv̊ ratte wrdest; abber sidder das si dir geton hant, also dv mir geseit hast, vnd dv mich dan also gar hohe gemannet hast, so glŏbe ich, das ich ettewas schuldig bin, dir ettewas zv̊ rattende, vnd wissast, so rotte ich dir ŏch vssar gettelichar minnan vnd vssar aller cristenlicher brv̊derlichar trv̊wan vnd in der trv̊wan, also ginge es mich dan selber an: so wissest, vnd wer ich dan an diener stat, so wolte ich das crv́ze nv́t fliehen vnd wolte widder heim gon vnd wolte das wip vs lidden also lange, also es dan got habben vnd gestatten wolte; vnd hie inne so wolte ich mich gotte demv̊tekliche losan vnd wolte imme ŏch do inne zv̊ grv̊nde wola getrv̊wenda sin; nv̊ wissast, vnd dv̊st dv dis vnd liddegest dv dich nv́t e van dem crv́ze, ebbe das dich got selber liddiget, vnd wartest in dem crv́ze vnd beithest dar gnoden gottes, so wissest, so weis dar milte barmherzige got gar wol, wanne es zit wrt; vnd wanne ŏch dan die zit kv̊met, so mag er ŏch dan van sinar grv̊(n)deloser barmherziger

---

* *GF* 89. ** *NvB* 111.

minnen nv́t gelosan, er mv̊s dir helfan fan allen dienen erbeiten vnd vssar aller not; wanne wissest, dar vngevebeten dv̊gent dar ist nv́t gar wol zv̊ getrv̊wende, vnd das ist, das man folle hertan mv̊s vnze an das ende vnd in liddende sin mv̊s also lange, also es got habben wil, nv́t also wir es in vnserme eigin willan habban wellant. Abber ich wil dir sagan vnd wil dir rattan, also das dv nv́me nahtes gost siczen in das kalte wasser, daran so solt dv nv́me dieme wibe gehorsam sin; vnd ist es, das si dich nahtes me wrt heisende vf ston vnd in das kalte wasser siczen, so stant vf vnd fal vffe diena knv́ nebbent das wasser vnd befilch dich gotte. Nv̊ rotte ich dir ŏch, also es nv̊ vmbe dich stot, das dv das herin hemmede vnd die pha(n)cier drv́ber nv́me anne dv̊st, vnd solt dich ŏch nv́mme keiner vssern herten vebvngen anne nemmen; vnd secze dich nv̊ rehthe vffa getv̊lt vnd befilch dich gotte vnd lo dich got nv̊ selber veban, dar kan dich ŏch wol geveban, vnd solt dich wol losan gevebet werdan dvrch din wip vnd dvrch alle diena frv́nt vnd dvrch diena gesellan vnd ŏch dvrch das gemeine folg, was dich kennede * ist, vnd darzv̊ dvrch grose swere bekorvnge der besan geista. Nv̊ solt dv ŏch wissende sin, vnd ist es, das dv dich demv̊tekliche vnd festekliche mit eime gotte wol getrv̊wenden herzen dvrch diese ding liddest, wanne du es dan also lange geliedest, also es got selber gestattet vnd ŏch habban wil, nv̊ wissest, liddest dv dich alsvs ** hiedvrch vnze an die stv̊nde, das es zit wrt, die zit got wol weis, so wissest, so wil ich vnsers heren vnd vnsers gottes bv́rge gegen dir sin, also das er dir dan van allen dienen erbeiten hilfet vnd dir zv̊ grosen fridden hilfet vnd dan einen grosan gottesfrv́nt vsser dir machet vnd dir dan alsolliche ding van gotte geoffen-

* *GF* 90. ** *NvB* 112.

3 vnge vebeten 15 pha(n)cier = panzier, s. *S*. 38,25.

boret wrdent, die dir noch gar fremmede vnd alzv̊mole vnbekant sint. Do diese redde alsvs beschach, do nam dir eman v̊rlop vnd dankete mir faste vnd schiet gar frelliche vnd ging widder heim. Vnd also balde er heim kam vnd in das wip nv̊went v́rsach, do sprach si zv̊ stv̊nt: bist dv hie? nv̊ sist willekvm in aller dv́fel namme, ich wonde nv́t, dv hattes dich selbar v́rtrenket. Vnd si fing do abbar zv̊ stůnt anne vnd vebete in noch fere me in aller wise, die sie vrdenken kv̊nde, den sie for geton hatte, vnd si vebete in in alsollichen fremmeden wisan, da nv́t gv̊t wer, das man darfan sagen solte; vnd darzv̊ so ging si zv̊ allen sinen frv́nden vnd zv̊ iren frv́nden vnd zv̊ allen sinen gesellen vnd zv̊ fil gemeines folkes vnd klagete gar sere abbe dem man vnd seite darzv̊ das aller bĕste van imme, das si v́rdenken kv̊nde. Also beschach es, das alles, das in dar stat was vnd in bekennede worent, die wrdent in gar vsser mossen vebele hassande, also das es beschach, wo man in sach, so spotte[n]t man sin vnd scha(l)t in darzv̊, wanne alles das folg, bi den das wip gewesen was, die hattent in alle vir einen rehtan doren, wanne das wip die hatte es alles zv̊broht vnd gemaht, wanne si noch der welte gar ein bidderwe wolkv́nede schennes wip was, die mit arm vnd rich wol kv̊nde, vnd man ir gar wol glŏbende was. Vnd das mahte ŏch, das er der ganzen stat zv̊ spotte wart vnd in fv́r einen doren hattant, vnd es beschach, wamme er an dar strosan bekam, dar spotte sin odder schalt in odder spv̊wete abbe imme odder flv̊chete[n] imme mit gar hertan worten. Nv̊ zv̊ allem dieseme liddende so fv́r hing got indewendig veber in, also das imme die * besen geiste gar vnmessig gros liddan anne dottent in gar vil groser strenger mannigfeltiger bekorvngen, der gar

---

* *GF* 91.

7 wonde nv́t *s. S.* 38, 10 *Lesa.* 9 fere = ferre

fil also bese was, das nv́t gv̊t wera, das man darfan sagan solte. In dieseme grosan liddende so beschach es zv̊ etthelichan zitan, das sich dir liddende eman [sich] van dem wibbe virstal vnd zv̊ mir kam, vnd seithe mir dan alle ding wie es imme ginga. so troste ich in vnd sterkete in mit der helfa gottas; vnd so er dan widder heim kam, so wart das lidden e me dan minre. Ach, vil lieban brv̊der, nv̊ wissant, das dir eman vnze in das sehste jor nie vnderzv̊g gewan, wedder van gotte noch * van allen sinnan creatv̊ran, er wer alle zit, bedde dag vnd naht, in dieseme sweran grosan liddende. Abber in dieseme sehsten jore do beschach es, das got in siner eewigen wisheit bekennede was, das es zit was, vnd kam vnd v́rbarmete sich vebar sinan lieban lidenden frv́nt, vnd dar barmherzige got dar ging dar vnd fv́rhing, das sin wip nidder fil vnd siech wart, vnd wart ŏch zv̊ stv̊nt gar vsser mosan sere cranc, also das sich sin das wip gar sere v́rschrach, vnd ir fiel doch zv̊ stv̊nt in, also das si es van ires mannes wegan vir schv̊ldet mv̊the habban, vnd vrschrag vnd sante balde nach dem manne; vnd do der man zv̊ ir kam, (6[b]) do sprach si zv̊ imma: ach, lieber gemahel minar, ich bin gar kranc vnd ich fv́rthe, das ich es van dinen wegen mv̊ge etthewas vir schv̊ldet habban, vnd ich bitte dich, das dv es dvrch gottes willan wellest dv̊n vnd mir wellest virgebban alles, das ich dir geton habbe, wanne ich wol bekenne, das ich vnrehte geton habbe. Do sprach der man: ich wil dir gerne virgen vnd wil got bitten, das er dir es virgebbe, wanne wissest, dv bist rehthe kranc, vnd ich rotte dir in allen trv̊wen, das dv noch dienen frv́nden vnd noch dieme bihther sendest, vnd rihte, was dv zv̊ riethende hest, vnd bihthe vnd lo dir diene sv́nda leit sin vnd nim dan vnsern lieban

* *NvB* 113.

34 riethende = rihtende

heren zv̊ dir, wanne ich vv́rsihhe mich nv́t, das dv dervan kv̊man mv̊gast, dv mv̊sest sterban. Nv̊ das wip folgete dem man vnd sante noch iran frv́ndan vnd ŏch noch sinan frv́ndan vnd noch dem bihther. Also koment si alle, vnd si sprach vor den frv́nden allen vnd vor allen, die do worent, rehte offenlich: ich lose v́ch alle wissen, das ich mime manne vnrehte habbe geton, vnd ich glŏbe ŏch, das ich sin sterben mv̊se; vnd bihte do mit gro*seme erneste vnd vnfing vnsern heren vnd starp an dem dirthen dage. Nv̊ do das beschach, darnoch da er allererstan es zv̊bringen mv̊the, do kam er zv̊ mir vnd seithe mir, wie das wip dot wer [vnd wie si dot wer], vnd wie es in allan sachan v́rgangan was; vnd do er mir alle ding geseithe, do fragete er mich da rottas vnd sprach mit gar groseme erneste: ich bitte dich vsser gettelichar minnan, also das dv mir nv̊ dienan getrv̊wen rot woltest gebben, wie das ich nv̊ min lebban annefohen sol, odder wie das ich in allan sachan nv̊ dv̊n sol. Do riet ich imme, das er widder heim solte gon vnd sprach: vnd halt dich in dienen cleidern vnd in allen sachen in das mittel vnd lv̊ge vnd nim dins wibes frv́nt vnd besich, wie das dv gedeilest mit den kinden; vnd wanne dv das getv̊st, so kv̊m dan harwiddar vnd los vns dan abbar zv̊ ratte ** werden, was dan zv̊ dv̊nde ist. Er det also, vnd do er widdar heim kam, do hattent des wibas frv́nt die zwei kint vssar dem hv̊sa genv̊men. Nv̊ er ging zv̊ dar kinde frv́nt vnd forderte deilvnge von der kinde wegan. Wanne er das forderte, so gobbent si imme gv̊te redde vnd fv́rzv̊gent si es imme wol vffe ein halbes jor. Also beschach es, das dar kinde eins nidderfiel vnd starp gar geswinda; vnd das kint das erbete er ŏch. Do ging er abber zv̊ der kinde frv́nt vnd forderte abber deilvnge; si fv́rzv̊gent es abber also lange, also das das ander kint ŏch nidderfiel vnd starp gar zv̊mole

* *GF* 92. ** *NvB* 114.

stvmpfes. Vnd do das beschach, do kam er gar geswinde zv̊ mir vnd sageta mir alle ding, wie es imme in allan sachan v́rgangan was, vnd frote mich do abber mit groseme ernesta rattas, wie das ich imma nv̊ rieta, das er nv̊ dv̊n solta odder wie das er sin lebban nv̊ anne fohan sv̊lta. Do sprach ich: nv̊ sist dv selber wol, was got in dienan sachen van dienan wegan in grosan worzeihan gewrket hat, vnd dovan so solt dv imme ŏch nv̊ in grosar minneder demv̊tikeit dangber sin, wanne er dich geliddiget hat noch aller dinar begirdan, also das dv nv̊ wol alder welte lidig wordan bist vnd nv̊ wol priester wrst, obbe das dv selbar wilt; abbar dv mv̊st e mit groseme erneste besorgan, wie das dv getv̊st, das dv dis grose irdersche gv̊t, das got vffe dich geworfan hat, wie das dv dem gethv̊st, also das es bestellet vnd besorget werde, also das es alles in die ere gottes widdervmbe kv̊me; vnd wissest, vnd dv̊st dv dis vnd blibest stette vnd feste in rehter demv̊tikeit an gotte, so wissast, so * getrv̊we ich dar gv̊te gottes gar alzv̊mol wola, das er nv́t mag gelosan, er kv̊ma[n] dir zv̊ helfa vnd lasa dich in kv̊rzan zitan alsollicha ding befindan, die dir for vnbekant warant vnd die dir dan nv̊ gar lv́stliche werdant sinde. Do sprach er: so bitte ich dich, also dv nv̊ wol weist, wie es in minnan sachan stat, das dv mir nv̊ rot wellest gebban, wie das ich nv̊ in allen sachan min ding annefohen sol. Do sprach ich: so rotte ich dir in allen trv̊wen also, das dv widder heim gangest vnd barmherzig vnd gar milte sist gegen armen lv́ten vnd in gar miltekliche deilest das gv̊t, das dir got fv́rlv̊han hat, also das dv es vndar sina frv́nt deillan solt; vnd ist es, das dv vnder dienan frv́ndan oddar vndar dienas wibes frv́nden ieman weist, den dv bekennest der sin bedarf, vnd ŏch

---

* *GF* 93.

1 stumpfes *'plötzlich', auch NvB* 171, 34. 12 alder = al der 15 irdersche *s. S.* 33, 11 *Lesa.*

also das dv getrv̊west, das er das gv̊t nv́t sv́ntliche vir zere, was der lv́te ist, den solt dv ŏch gresliche zv̊ helfa kv̊man; vnd fv́rkŏfe ŏch alle die gv̊ter, die dv hast, vnd bring es * alles zv̊ barme gelte; vnd wanne dv dis getv̊st vnd dich alsvs van der welte geliddigest, so kv̊m dan frelliche, vnd was dv dan gv̊tes mit dir bringest, das gip ŏch frelliche armen lv́ten vnd dan frv́nden gottes, vnd beheb dv nv̊went blos diene nottvrft, das dir ŏch got wol v́rlobet; wanne es nv̊ beschiht, das dv dich alsvs gelidigest, wanne dv dan wilt, so welle wir dich dan gerne zv̊ eime brv̊der nemmen zv̊ vnser gesellescbaft. Also fv̊r er widder heim, vnd darnoch wola vebar ein ganzes jor, do kam er abber zv̊ vns vnd hatte alle sina ding gerihtet, vnd bat vns do mit eima gar grosan demv̊tigan ernesta, das wir in zv̊ vns in vnser gesellescbaft nemmant. Also dotte wir es vssar grosar minnan vnd noment in zv̊ eime brv̊der in vnsar gesellescbaft. Also beschach es, das er zv̊ stv̊nt also gar grose minne vnd ernest gewan zv̊ priesterlicheme ambahte, also das er das erste jor also faste lerte, das er gar geswinde priester wart. Vnd do er nv̊went fier messen gehatte, in der fv́nfthen messen wart, do kam der barmherzige got mit siner vebernattv́rlichan gnodan, vnd was die gnode obbe dem altar also gar gros, das er van imme selber kam, vnd wart imme selbar alzv̊mole benv̊men vnd wart virzv́ket, das er van dar zit nv́t woste; vnd in dieseme selban allerersten zv̊ge da wrdent imma gebban gar grosa vebernattv́rliche gobban, die imme formoles gar alzv̊mola vnbekant worant. Die gobben, die imme van dar gnodan des heilligen geistes geb**ben wrdent, die worant veber alle sinneliche vir nv̊mft, do man kein wort zv̊ habban mag, wanne das si frĕdenricher frĕdan fŏl worent. Nv̊ beschach es imme zv̊ mannigen ziten so er obbe altar stv̊nt in der messen, das er

---

* *NvB* 115. ** *GF* 94.

23 f. *lies* gesprochen hatte?

fv́rzv́ket wart vnd das der zv̊g also lange werte also einer langen singenden fronemessen lang, vnd ŏch alle die willa das es werte, so mv̊ste man sin warnemmen; vnd wan es dan beschach, das in got widder zv̊ imme selber lies, so wart er sv́fzende; wanne man das horte, so half man imme, das er an dem altar nidder sas; wanne imme dan craft wart, so stv̊nt er dan selber vf vnd folle brothe dan sin messe. Vnd in diesen grosan vebernattv́rlichan frĕdenrichen gobban vnd (7[a]) gnodan do ist er wol sv́ben jor inne gesin, vnd in denselben zitan do hatte ime got alle die grosen mannigfaltigen bekorvngen abbe genv̊men. Vnd do die sv́ben jor vs komant, do zoch got die befintlichen lv́stlichen gobban an sich vnd gob im dar zv̊ do widder vmbe die bekorvnge, die do heisset vnkv́schekeit; abber die was ime nv́t leit, wanna er hatte si gerna, in dar meinvnge das er nv́t gerne onne liddan was, wanne * er was in der gnoden gar wol bekennede worden, das lidden in der bekorvnge gotte geneme ist vnd der sellen gar nvcber ist. Vnd wissent, wanne es beschiht, das er der lidenden bekorvngen in imme nv́t befindet, so ist er sich etthewas clagende vnd sprichet, er fv́rthe, got der mv̊ge sin etthewas van sins sv́ntlichan lebbendes wegan vir gessan habban. Nv̊ sv́llant ir wissenda sin, das er mit allen sinan werkan vnd mit allen sime wandel der aller lv́stlicheste sv̊seste semftmv́tigeste demv̊tigeste mensche ist; vnd wissent, wer in anne sehhe, dar onne dot sv́nde were, so glŏbe ich, das er in gar kv̊me anne gesehen mv̊the noch mit imme gewandel(en) mv̊the, er mv̊ste van imma gebessert werdan. Vnd wissant, imme wrt zv̊ etthelichan zitan gar we in der nattv̊ran vnd imme dan die indewendigen bekorvngen dar zv̊ gar we dv̊nt, wie we imme dan ist, nochdan wie man in an kv̊met, es si in weller hande wise das

* *NvB* 116.

5 sv́fenze

beschiht, so findet man in allewegent geliche, vnd wie das es got lot gon, es si wie sv̊r es welle, so findet man in allewegent sv̊se vnd gv̊tliche vnd semftmv̊tig vnd demv̊tig vnd alle getv́ltikeit in imme, vnd also sv̊seklich gv̊tliche lachende ist, das er anne * zv̊ sehhende ist, also sehhe imme die getteliche gnoda zv̊ den liplichan ŏgan vs. Ach, liban brv̊der, ir sv́llant v́ch nv́t ergern, das ich v́ch van dieseme brv̊der also vil geschribban habba, wanne wissant, ich habbe es darvmbe geton, das ir deste bas sv́llent leren bekennen vnd merken, das got grose wnder wrkende ist in aller hande menschen, die in eht minnen vnd meinen wellent.

Nv̊ von dem dirthen brv̊der den wir habbant, da svllent ir wissan, das der ein dv̊mehere zv̊ einar stift ist gesin, vnd er hatte darzv̊ eine gv̊ta kirche vnd was in jvre wol geleret, vnd er was ime gemv̊te etthewas hochtragede vnd domitte etthewas geswinda zornmv̊tiges sinnes, vnd dv̊the in do inne, wie er gar gereht wolte sin. Abber wie dis alles was, so hatte er doch in diesan dingen vnser lieban froewen gar liep vnd lies fil dingas dvrch vnsar froewan willen, vnd hatte ŏch fil gebettes dvrch iran willan vnd gab ŏch fil almv̊sens dvrch iran willan. Vnd wissant, also er vns selbar sagate, das er gar digke zv̊ manigan zitten in imme selbar vir mannet wrde, vnd was die fv́r manvnge alsus: womitte gost dv umba, wie lange wennest dv dis in dienan eigin mv̊twilligen sachan triban? gip vf die welt vnser lieban froewan zv̊ eran, vnd mache dich an eine stat, do dv der welte liddig maht bliben, vnd dv̊st dv dis, so mv̊thest dv dan wol van gotte geleret werdan, wie ** dv sinnar lieban mv̊ter geworer diener mv̊thest werdan. In dir lieplichan vir manvnga was dir man fil langer zit, also das er der fv́r manvnge nv́t folgenda was, vnd was es alles vf schlahanda, vnd schlv̊g es also lange vf vnze

* *GF* 95. ** *NvB* 117.

an die zit, das er wol fierzig jor alt wart, vnd ŏch in demselben jore wart, do beschach es, das er in einan gar grosan sweran siechtagen fiel, vnd in dem selban siechtagan do wart er gedenkende: das dv diesen siechtagan hast, das mag vnsar lieba froewe wol veber dich fv̊r henget habban, vmbe das dv ire vir manvnge also lange zit widderstandan hast; vnd gelobbete do vnser lieban froewen, das sie imme hv̊lfe das er genese, so wolte er, des allerersten so er * es getv̊n mv̊the, so wolte er die pfrv̊(n)de vnd kirche vnd der welte mittenander vfgebben vnd v̊rlop gebban, vnd wolte sich zv̊ einar gv̊tan geselleschaft machen, do er der welte wol vntladan wera. Nv̊ do er diese gelv̊bede getet, do half imme vnser lieba froewe gar geswinde, das er in gar kv̊rzen zitan genesan was, vnd das in dv̊the, das er also starg wordan was, also er in der zit ie wart, vnd in dv̊the, wie vnser liebe froewe ein gros zeihen mit imme gewrket hatte; vnd harvmbe so dv̊the in ŏch gar mv̊geliche, das er vnser lieban froewen stette hielthe, also er ir gelobbet hatte. Also was er ŏch gehorsam vnd ging zv̊ stv̊nt dar vnd gap die kirche vnd pfrv̊(n)de vnd alles, das zv̊ der welte gehorte, vf. Nv̊ do er dis gethet, do wart er in imme selber gedenkende: was wilt dv nv̊ dv̊n odder wo wilt dv nv̊ hin, do dv geselleschaft findest, bi den dv der welthe liddig maht sin? vnd wart gedenkende noch den erden, vnd wart gedenkende noch den walt brv̊dern, vnd wart ŏch an mich gedenkende, wanne er mich wol bekennede was, wanne dar man gar welt wise was, darvmbe so hatte ich sin digke bedorft, vnd er det ŏch digke das mir liep was; vnd darvmbe so ging er dar vnd sante gar getv̊rstekliche noch mir. Ich woste nv̊t, was er wolte, vnd was imme doch gar geswinde gehorsam vnd kam zv̊ imme, vnd er hv̊p vf vnd seithe mir alle sine

---

* *GF* 96.

28 erden = örden

heimmellicheit, vnd wie es imme in allen sachan v́rgangan was, vnd bat mich do mit groseme erneste, das ich imme riete zv̊ einer gesellesehaft, do er liddig, abbe gescheiden mv̊the sin, also das er der welte alzv̊mole vntladen mv̊tha gesin. Do sprach ich: do wil ich mich gerne mit vnsern brv̊dern bedenken, was ich dan kan odder mag darzv̊ gedv̊n, das v́ch zv̊ selle vnd zv̊ liebe nv́cze vnd gv̊t were: das wer ich v́ch schv̊ldig zv̊ dv̊nde, vnd wil es ŏch gerne dv̊n. Do sprach er, wie vnser brv̊der wise vnd ir lebben were vnd was ordenvnge si hieltent. Do * sprach ich: si haltent keine ander ordenvnge wanne also weltliche priester, also si ŏch sint, vnd sint also biggenander in einer gemeinen geselleschaft, vnd haltent vns also gar einfeltekliche vnd gar schlechtekliche vnd hv̊tent vns vor dar welte, so wir allermeist mv̊gent. Do sprach er, er welte zv̊ vns kv̊men vnd wolte vnser geselleschaft gesehhan, vnd bat mich ŏch mit groseme erneste, das ich do zwissent gedechthe vnd mit den brv̊dern zv̊ ratte wrde, (7[b]) wanne es den beschehhe, das er * zv̊ vns keme, das wir imme dan rietent, war er kv̊man svlte, da [er] sin lebban gebessert wrde. Do sprach ich: das sv́llant ir wissan, das wil ich rehte gerna dv̊n. Alsvs da schiet ich van imme. Also beschach es in dan nehhesten fir wochan dar noch, do hatte er sich van dar welthe gerihtat, da kam er gar geswinde dar nach zv̊ vns vnd bat vns gar demv̊tekliche mit groseme ernesta, das wir vnser lieban froewan woltant dran eren, das wir in nv̊went fier dage bi vns liesent sinan pfening zeren. Do sproche wir: rehte gerne. Also do es beschach, da er bicze an den dirthen dag bi vns was gesin, des selban dages do er dar brv̊der eins messe horte,

---

* *NvB* 118. ** *GF* 97.

18 *an erster Stelle* welte *oder* wolte 21—24 *s. das Faksimile bei Jundt, R. Merswin Tafel* 4[a] *und im Text S.* 88.

do beschach es, das dar selba brůder obbe dem altar vir zúket wart. Nů wie wise er was, noch do do hatte es in ein groses wndar, vnd wart sin ǒch gar sere gebessert; vnd do er das gesach vnd ǒch ander vnser wisan, die wir doch gar schlecht einfeltig vor imme hielthent, dc kam er an dem fierden dage vnd bat vns das wir zů samme gingent. Do wir zů sammene koment, do fiel er fúr vns nidder vffe die erdan vffe sine knú vnd bat vns mit grosema ernesta, das wir vnser lieban froewan dran eren súltent vnd in liesant bi vns wonan, vnd er wolte sich gerna vns an gottes stat zů eigin gebban, also das er niemer me fúrbasser gefrogen wolta. Also sprache wir: ir hat úch noch nút gar vnd ganc van der welte gerihtet, úch bristet noch etthewas, důnt so wol vnd farent widder heim vnd rihthent úch also, das ir mit der welte alzůmole nút me habbent zů důnde, vnd bittent ǒch mit groseme erneste vnser lieban froewen, das si úch gebbe zů důnde, welles ir allerliebester wille si, vnd ist es dan, das si úch git zů důnde, also das ir bi vns sin súllent, so kůmment in dem nammen gottes frelliche, so welle wir úch dan gerna habban. Also nam er ůrlop vnd ging widder heim, vnd wart imme also not, das er sich gar geswinde gerihtet hatte, vnd nam alles sin bar gůt zů imme vnd was an dem fúnften dage widder bi vns, vnd was er van barme gůte hatte, das nam er vnd warf es vns vnder * vnser fůse vnd sprach: nemt dis irdersche gůt dvrch vnser lieban froewen willen, wanne ich wil durch iren willan kein irders gůt me habbenda sin. Vnd ime wart zů stůnt also ernest, so er allerersten můt(h)e, das er priester wrde, vnd fůr fil millen, das er gewihet zů prieser wrde; vnd do er priester wart vnd wol vffe drisig messen ge**sprochan hatte, do zů stůnt fúrhing

* *NvB* 119. ** *GF* 98.

2 noch den so *SGallen*; *lies* nochdan do? 29 nemt] sent irdersche *s. S.* 33, 11 *Lesa.*

got vebar in die allergresten grvewelichesten strengesten [gresten] bekorvngen in gar fil mannigfaltiger wisan vnd also vnreine vnsv̊fer dv́felsche bekorvnge, das scheddeliche wer darvan zv̊ saganda. Nv̊ wissant, got dar greif in also gar veber alle mosa also gar hertekliche, swerliche anne mit also gar groseme liddende der bekorvnge, vnd wer er nv́t priester worden vnd wer er dan ŏch darzv̊ bi vns nv́t gesin, so wer gresliche zv̊ fv́rthende gewesen, das er widder vmbageschlagan hatte vnd hatte die welt widder an sich genv̊men, vnd mv̊the ŏch dan gar wola beschehhan sin, also das er ime selber vnd ŏch andern menschen gar fil scheddelicher worden were dan er formoles ie wart. Nv̊ do wir diese ding in imme merkende worent vnd wir si van dar gnodan gottes wol etthewas bekennede worent, do v́rschrake wir wol ettewas van sinan wegan drabe, wanne er vns gar vebele v́r barmmede was; vnd wir wrdent heimmelliche mittenander zv̊ ratte, also das wir vnser lieban froewan sv̊ltant anne rv̊fan, vnd sultent si mit gar groseme ernesta bitten vnd sv́ltent si v̊rmannen, das er ir sv̊n wer, vnd das wir in hattent zv̊ vns genv̊men, das hatte wir vffe si geton, vnd dovan so wolte wir si bittan, das si hv́lfe, also das ir sv̊n in dir grosan lidden(den) martel dir bekorvnge abbe keme: vnd ist dis din wille, har vmbe so wella wir alle gerne vnd gewillekliche vir in tragan vnd liddan. Abbar was wir bottent, so dv̊the vns nv́t, das es got wolte, er mv̊ste es selbar liddan vnd mv̊ste in dem grosan vnmessigen mannigfaltigen lidende der grosan bekorvnge ahthe jor sin, also das er wedder dag noch naht gar wening rv̊we habben mv̊the. Abber do es beschach, das die liddenden ahthe jor vskoment, do beschach es eins sammestages obbe dem dissche, da wir wol halbes gessan hattent, das er wart vs schriggende vnd schre mit einer gar lv̊tan stimman

2 *der Irrtum erklärt sich aus* strengest[en grest]en
26 keme] *lies* kere?

vnd schre den engelschen grv̊s, vnd do das vskam, do neigete er sich hv́nder sich an die want, vnd wir sohent wol, das er vir zv́ket worden was, vnd wir hv̊bent den dis vf vnd liesent in also sitzen; also sas er vnze an den obbent, also das er sich also wening regete noch (wir) sins ottemen also wening gewar wrdent also eins dotten menschen. * Vnd do es geggen den obbenda geriet werdan, do lies er einen grosan starken sv́fezen vs vnd sprach: wa bin ich? vnd det die ŏgan vf vnd sach vmbe sich vnd ** sprach: ach, ich arm man, bin ich abber hie? Also wolte wir imme etthewas habben essen gen, do sprach er, er mv̊the noch nv́t essan; also hv̊lfe wir imme an ein bette vnd liesent in rv̊wen, wanne die nattv̊re was gar krang worden. Also beschach es darnoch eins dages, das wir mit imme reddenda wrdant vnd wrdent in fragenda vnd sprochent alsvs zv̊ imme: wir bittent vͧch vsser gettelicher minan, obbe das es der wille gottes si, das ir vns dan sagent, wie v́ch obbe dem dissche in dem imbese beschach. Do sprach er: das sv́llant ir wissende sin, das ich sicher zv̊ mannigen zitan dernoch gedocht habbe, vnd kv̊nde noch in aller miner sinnelicher vir nv̊mft nv́t gemerken, wie mir beschach odder was es was, das weis ich nv́t, der liebe got vnd sin liebe mv̊ter, die wissent es wola; abber das redde ich wol, das ich wol fv́r ston vnd wola bekenne, also das ich nv́t min selbes was, abber wie das si, das ich nv́t bi mir selber was, noch dan so bekenne ich das gar wola, vnd wer es der wille gottes vnd sinar lieban mv̊ter, also das ich diese ding noch zv̊ einan mola befindan sv̊lte, also ich si do obbe dem dissche in dem essende befant, darvmbe so wolte ich liddan, also das ich zehhan jor ein bette liddender mensche sv̊lta sin, alsolliche grose frelliche vebernattv́rlicha wnder befant ich do, vnd

---

* *NvB* 120. ** *GF* 99.

14 ein] sin *SGallen.* 18 minan = minnan

kan doch ein wort nv́t dervan gesagan, wanne es was veber alles min fv́r ston vnd veber alle mine sinneliche fv́rnvmft, vnd wonde ich doch nv́t, ich hatte gar fil nattv́rlicher sinne vnd darzv̊ die heillige geschrift, abber ich befant in dar sinnelichen virnvmf(t) noch gelas in aller der geschrift nie van alsollichen frĕdenricher frĕden, also ich in der stv̊nden befant; wanne wissent, van aller der frĕdan, so ich ie (8[a]) gehorte sagan, das ist also kleine vnd also gar lv́zel also ein trofpfe wassers widder dem ganzen mer; wanne wissent, ich wonde nv́t vnd was ŏch allewegant in dem sinna, das ich gar alzv̊mole ein sinnenricher gar wol wissender vir nv́mftiger mensche wer; nv̊ bin ich erste gar wol bekennede worden, das ich glŏbbe, vnd hatte ein mensche aller der menschen sinne, die in der zit sint, er mv̊the nochdan nv́t das aller minneste nv́t begrifen das zv̊ der eewigen frĕden gehoret; nochdan der liebe got ist wol hie in dar zit mit sinan frv́ndan wrkende, also er mit mir geton hat, alsolliche frelliche wnder, dovan ich nv́t kvͧnde gesprechen, wanne so fil mv̊the ich van der gnodan gottes wol mit * sant Peter gesprochan ** habben: hie ist gv̊t sin; vnd ich bekenne nv̊ erst wol, das nieman mag befinden die ding, die obbe imme sint, er lose dan e diese irderschen nidder ding, die vnder imme sint. Nv̊ do dir brv̊der vns diese grosan werg geseite also fere, also er si gesagen mv̊the, also beschach es darnoch wol veber fv́nf dage vnd do wir alle binander worent, do sprach dir selbe brv̊der: ach, lieben brv̊der, ich wil v́ch bitten, das ir getteliche minne anne sehhent: sidder das got mir armen sv́nder also gar grose gnade geton hat, so ist mir ingefallan, das ich dvrch vnser lieban froewen willen der lieben sant Maria Madelen, die ŏch ein sv́nderin ist gesin, das ich darnoch wolte

---

* *NvB* 121. ** *GF* 100.

3. 11 wonde-nv́t *s. S.* 38, 10 *Lesa.* 22 *Matth.* 17, 4. 25 irderschen *s. S.* 33, 11 *Lesa.*

gon in einen walt, also das ich aller menschen trost vnbern wolte. Nů do er diese redde alle alsvs mit vns gerette, do sproche wir: lieber brůder, vgwer sachen, vgwer infelle die sint gros, vnd man sol ŏch zů alsollichen grosen sachen nv́t geswinde rotten noch anne fohen, man merke dan iemer noch etthelicher wiesan iemer etthewas, obbe es si ein rot gesin des heilligen geistes; wan, liebar brůder, ir sv́llant wissan, das es wol beschiht, vnd mir sint wol etthe-liche menschen bekennede, die ŏch van der gnoden gottes berůret wrdent vnd wrdent ŏch gezogen in ein vebernattv́rlich lieht, vnd wart dan ein gros stůrm wetter in in vfstonde, vnd des nam dan der dv́fel war vnd mahthe etteliche menschen in eime alsollichen geswinden stůrme vfston vnd onne rot vnweg gon, vnd fůrte si dan der dv́fel in ir selbes eigin wille(n) vs und brohte si dan an die stette, do si zů groseme vnfridden kŏment, vnd můste man dan grose not habben, obbe das man si herwiddervmbe zů fridden brohthe; wanne wissant, lieber brůder, der dv́fel der nimmet mit gar groseme erneste war alsollicher menschen, die do van der gnoden des heilligen geistes v́rlv́thet worden sint, vnd dovan so rotte wir v́ch, das ir diese ding eine zit lasent also ston, dozwissent so welle wir mit gotte vnd mit v́ch selber zů ratte werdan, was v́ch in diesan sachan zů důnde sigge. Also beschach es gar kv́rcliche darnoch, das dir brůder van dar gnodan gottes selbar merkende wart, das sich der dv́fel in den rot fv́r mv́sschet hatte, vnd hatte in gerna vsgefůret in der meinvngen, das er in zů vnfriden broht hatte, vnd das imme do inna ein krang hŏbet worden were. Also beschach es, das diesema brůdar noch dar grosan gnoden, die im obbe dem dissche wart, also das imme vffe die * selba stůnda abbafielent alle die grosan mannig-faltigen bekorvngen, die er hatte, onne die eine be-korvnge die do heisset vnkv́schekeit; vnd ** die selba

---

* *GF* 101. ** *NvB* 122.

9 mir] wir

bekorvnge, die bleip imme gar vsser mosen gros in gar fil vnreiner mannigfaltiger wisan; abber er ahthe ir nv́t, wanne in dv̊the in sime sinne, das er die arbeit gar billiche habben vnd in sinar nattv̊ren liddan sv̊lte. Nv̊ dir brv̊der der was zv̊ etthelichen zitan zv̊ vns sprechenda: ich habbe van der gnodan gottes wol zv̊ essende vnd zv̊ trinkende vnd ein schennes schlofgaddem vnd gv̊te gesellescheft, dis hat mir got zv̊gefv̊get onne alle arbeit, vnd wer es nv̊, das ich nv́t lidden vnd arbeit in der nattv̊ren in der bekorvngen hatte, so hette ich doch alzv̊mole nv́t liddendes, solte ich dan nv̊went trost vnd frẽde habben, des mv̊the ich wol v́rschrecken, wanne ich von dar gnoden gottes wol bekennede bin, das dohein cristonmensche solte sin, das er begerende wer, das er onne lidden fv̊ndan wrda, er sv̊lte gewillekliche vnd gerne wollen ein crv́cze tragen vnze in sin dot, obbe es got also van imme habban wolte. Nv̊ beschach es noch der gnoden, die imme obbe dem dissche wart, das [er] noch dar zit nie vngetv́ltig wort van sime mv̊nde geheret wart, vnd wart alzv̊mole ein sveser demv̊tiger semftmv̊tiger getv́ltiger man, in dem alle ding gv̊t wrdent.

Nv̊ fan dem fie(r)den vnserme brv̊der, den wir habbent, da lase ich v́ch wissan, das der ein jv̊de ist gesin, vnd er was gar eins bidderwen got fv́rthenden sinnes vnd was gar eins semftmv̊tigen wandels vnd domitte gar van sinnen riche vnd ŏch armen lv́ten milte vnd was damitte gar wol geleret. Vnd dir selba jv̊de, der was zv̊ manigen ziten zv̊ gotte fan den alten proffeten reddende vnd sprach dan: ach, liebar min here vnd min got, dv hast mich gelosen in mime jv́deschen glŏben geborn [losen] werdan, vnd bin ŏch van dienan gnadan also alt wordan, das ich nv̊ wol fv́rstanda bedde vebel vnd gv̊t, vnd ich weis ŏch keinen glŏben, der in doheine wisa gereht si dan vnsar jv́des glŏbe, wanne dv hast

15. 36 *vielleicht auch* dehein(e)

vns die gebot dvrch Mŏses * gebban, vnd dv hast ŏch selbar mit imme geret vnd ŏch mit andern vnsern profetan, dvrch die dv vns hast grose ding gelobet zv̊ dv̊nde, abber dv hast es vns lange vnd gar fil jore fv́rzogan, also das dv alles nv́t kv̊mast, vnd kan ich das in keinen sachan fv́rston noch gedenken, was dv hiemitte meinnende bist; vnd wer es, das wir es virschv̊lde[n]t hant odder es noch in deheinen weg fv́r schv̊ldent in alsollichen sachan, die widder dich sint, das soltest dv der jv̊descheit zv̊ fv́rstande gebban, also dv hievor in den alten zitan vil gethon hast; wanne es dan beschach, das wir vns besserde warent, so liese ** dv dan dienen zorn gegen vns abbe vnd keme vns dan in grosan sachan zv̊ helfe in allen vnsern neten; nv̊ weis ich nv́t, wie dv es gemeinet in den alten ziten: wanne es beschach, das wir appet gette annebettent, so zv́r(n)dest dv gar sere mit vns, vnd do dette dv vns ŏch gar rehthe; nv̊ dv̊n wir es nv̊me, vnd dv̊nt es die heiden, die do stettekliche appet gette anne better sint, vnd das virtreist dv in nv̊ in diesan zitan, vnd dar zv̊ so lost dv si nv̊ riczen in irme bĕsen vnglŏben vnd gar vil werden vnd gar sere fil vnd gar gewaltig veber vns werdan, vnd den hilfest dv, die alle zit widder din gebot lebbenda sint, vnd wir, die jv̊descheit, die alle zit nach dienan willan vnd nach dienan gebotten lebbende sint, die lost dv vndergon vnd vir(8^{b})derben; was dv hiemitte meinnede bist, das hat mich ein grossas wnder; vnd dar zv̊ so hast dv och einen nv̊wen glŏben in kv̊rzen joren gelasan vf gon, vnd das sint cristonmenschen, vnd in dem selban glŏban so hast dv ir also vil gelosen werden vnd ŏch also gewaltig veber vns werdan, also das mich ŏch wnder hat, vnd ist ir globbe doch ein alsollich glŏba, da inne sie niena

* *GF* 102. ** *NvB* 123.

22 riczen = rîchesen; *SGallen* richzende 28—32 *s. das Faksimile bei Jundt, R. Merswin Tafel* 4^{2} *und im Text S.* 88.

nach dienen willan [inne] lebbende sint, vnd dv lost si richzen in irme grosen vngloben, also ich selber van cristonmenschen gehoret habbe, die do zů mir sprochent, was dorchtes glǒben die jůden hattent, vnser glǒbe der wer wartende dienar zůkůmft, so sprechent si, die jůden můgent lange din wartan, dv kůmest nv́t, wanne dv sist kůmmen vnd dv sist van einer reinen megede geborn got vnd mensche in einer personen, vnd dv werest alsvs wol xxxiij jor hie in dar zit, vnd do gingent die jůden vnd fingent dich vnd hingent dich an ein crv́ze vnd dotent dich an dem crv́ze, vnd dv v́rstv́nde an dem dirten dage got vnd mensche lebbendig widder vf vnd wer der noch xl dage * bi in hie in der zit wonnede vnd fůre do vf zů himmelle, also das es fil menschen sehhenda warent; vnd sprechent ǒch, wie das dv vf zů himmel sist gefaren, so habbest dv dich doch ǒch hie niddenan in der zit gelasen, vnd dv siggest vffe allen iren altern vnder aller ir priester hende, vnd das kůmet van wortẹ wegan, die der priester sprichet, das dv kůmest in ein kleines bretelin vnd din blůt in win virwandelt wrt in eime iegellichen kelche. Ach, min got vnd min hera, wie hat mich dis so gar ein grosas wnder, also das dv die cristenheit hast also sere vil gelosen werdan vnd also gar sere riczen in irme grosan wnderlichan unglǒben. Ach, lieber min herre vnd min got, du hattest es etthewenne nv́t gestattet, das ein sollich ** vnglevbig folg die jůdescheit also sere sv́lte getrůgket habben, vnd wir allewegant haltent diene gebot, vnd dv vns also gar herta wordan bist, das hat mich gros wnder. Ach, min herre vnd min got, ich bitte dich dvrch alle vnsar alten profetan, also das dv vns zů helfe kůmest vnd vns důst, also dv vns gelobet hast, odder abber dvrch eine(n) profeten kv́nden welles, was dv

---

* *GF* 103. ** *NvB* 124.

26 riczen = rîchesen

hiemitte meinende sist, also das dv vns also gar vebele hassende worden bist. Ach, min herre vnd min got, der do alle herzen bekenneda ist, nv̊ weist dv wol, das ich gerne dette dienen allerliebesten willen. nv̊ bekenne ich ǒch wol, das ich nv́t wrdig bín, das dv selber zv̊ mir rest, also dv zv̊ vnsern alten profetan detthe; ach, min got vnd min herre, ich weis noch keinen andern weg noch wisan, wanne das ich die gebot halten sol, die dv vns selbar gebban hast; ist es abber, das dv in deheinen weg me odder anders dozv̊ wilt, das si wie herthe es welle, das gip zv̊ fv́rstonde dvrch wellan profetan dv wilt, so wil ich dir dvrch in gehorsam sin; wer es abber, das dv das nv́t detthest, so dv̊the mich, das dv mir nv́t rehthe dettest. Nv̊ alsollicher worte vnd noch gar vil me worte was dir jv̊de alles in imme selbar zv̊ mannigen ziten zv̊ gotte reddende. Nv̊ beschach es zv̊ einan wintar zitan, also do die naht lang was, also das dieseme selban jv̊dan drigge naht nohenander in dem schlofe trevmede wart, vnd was imme gar eigenliche in dem schlofe, wie das man zv̊ imme sprecheda wera: dv solt nv́t losan, dv solt mit dieme schv̊he macher rehte frv́ge, also der dag vfget, in die kirche gon vnd solt dich losan fv́ren, wo dv die frv́ge messe aller heimmellichest geheren vnd gesehhen maht, vnd do inne solt dv dan wol bewiset werdan, was dv dv̊n solt, vnd habbe dir dis, also hatte es dir ein profete gekv́ndet. Nv̊ diese kv́ndvnge in dem schlofe die beschach imme drigge naht annander rehthe alles in einer wisan; vnd hie abbe nam dir jv̊de gros wnder, was es sin mv̊the, wan es imme gar alzv̊mole widder was in allen sinan sinnan. Abber er wart gedenkede: dv hast got mit groseme erneste gebetten, das er dir ettewas dvrch einen profetan gebbe zv̊ virstande, wie wol ich dan weis, das kein ander glǒbe gereht ist dan vnser glǒbe, dovan so mag mir kein ander glǒbe ingefallen, vnd dovan so schat es nv́t, das ich fv́rsv̊che, was got mitte

---

6 rest = redest

meinende sigge, villihte so meinnet got, das ich dvrch iran vnglŏban noch me sol gesterket werdan in vnserme glŏban, vnd dovan, wie widder odder wie swere es mir ist, darvmba so sol ich nv́t losan, ich sol fúrsv̊chan was got * mitte meinende si, wanne got der hat zv̊ ettelichen zitlan in schloffan vnsern profetan fil dinges geoffenbaret. Also wart dir jv̊de zv̊ rotta, das er ging zv̊ siema schv̊he macher, der do was ein gv̊ter armer criston man, dem dir selba jv̊de fil gv̊tes geton hatte bedda mit lihhende vnd ŏch mit gebbenda. Also beschach es, das dir selba jv̊de an eime obbende gar heimmelliche ging zv̊ sime schv̊hemacher, wanne er gar nohe bi imme gesessan was, vnd sprach zv̊ dem schv̊hemacher: ich bitte dich, ich wolte ettewas heimmelliches mit dir reden, vnd bitte dich, das dv mir gelobest, das dv nieman dervan sagest. Also gelobete er es imme, abber also, das es ein alsolliche sacha wer, die cristonglŏban nv́t anneginge. also hv̊p der jv̊de vf vnd sprach: ich wil dir sagan, dv solt wissan, das mir in den sin gefallen ist, das ich gar gerne die messe, die men morne gar frv̊ge, so es daget, sprichet, das dv mich die liesest mit dir heren vnd sehhen, vnd ŏch das heimmelliche beschehhen mv̊the. Do sprach der schv̊hemacher: das wil ich rehte gerne, wan ich getrv̊we dir wol, das dv nv́t bĕses dinne meinest; nv̊ kv̊m morne rehte frv̊ge, also der dag vfgot, so wil ich dich nemmen vnd wil dich fv̊ren vffe eine bv̊ne, do nieman also frv̊ge vf get vnd din nieman warnimmet, vnd das dv wol dvrch ein loch vffe den alter sist. Also wrdant si zwene des morgens an dem dage vffe die borbv́ne dar kirchen gonde, vnd er kam an ein loch, do er geliches vffe dan altar gar wol sehhenda was, vnd alle die geberde vnd alles das der priester ** det,

* *NvB* 125. ** *GF* 105.

6 schloffan = schlaffan] schleffan 18 ime mit fier worten *SGallen* 29 vf get] vs get 31 sist = sichest *SGallen*

das sach er gar wol. Nů do der priester in die messe kam vnd vnsern heren wart vfhabbande, alle die wile das er in vf habbende was, do sach er mit sinnan liplichen ǒgan, das zů dar ǒfelotten obbenan vswos ein crůze vnd einen vir wnde[n]ten man dran, vnd do der priester vnsern heren hohe veber das hǒbet vfgehůb, do sach er das zů der ǒfelotten ein groses crůcze vsgewasen was, vnd was an dem crůce genegelt ein groser doter vir wndeter gemmerlicher man; vnd do der priester vnsern heren herwidder abbelies, alle die wille das er in herwidder abbelie, do sach er, das der dotte vir wndete man an dem crůze widder in die cleine ǒfelotte gonde was; vnd do er vnsern heren gerwe nidder geleite, do sach er do nůt me dan die ǒfelotte blos. Nů do der priester die messe anehůp, (9[a]) do hatte er wol gesehhen, das er gar lůczel lůters winnes in den kelch geton hatte, abber do er den kelch veber das hǒbet vfhůp, do sach er, das in dem kelche fil rottes blůtes worden was. Nů do * die messe vs was vnd folle broht wart, do ging der jůde balde widder heim in des schůhemachers hůs vnd er det geswinde sine jůden kleider widder an vnd ging widder in sin hůs vnd beschlos sich in sine kammer. Dir jůde der was wise vnd seithe dem schůhemacher nůt noch nieman van diesen dingan, die er gesehhan hatte, vnd er wart in imme selber gedenkende, also das er grose wnder drabe nam, was got mit dirre gesihta meinnenda wera, vnd růfte do got mit gar groseme erneste anne vnd sprach alsvs: ach, min herre vnd min got, sidder das dv mich hast gelosan befindan vnd mit minnan liplichan ǒgen sehhan diesa grosan zeihen dis grosan wnders, so habbe ich gedocht, dv sist etthewas mitte meinnende cristanglǒben, vnd ist das din wille, das ich sol zů cristonme globben kůmen,

---

* *NvB* 126.

4 ǒfelotten '*Hostie*' *s. Schmidt, Hist. Wb. 260*[b]; *Zeitschr. f. deutsche Philologie* 34, 72. 25 enseit *SGallen.*

so weis ich nv́t, wie ich imme dv̊n sol odder wie das ich es annegefohan sol, vnd davan, ist es din wille, so beger ich an diene grose v́rbermede, das dv mir noch me v́rkv́nde in etthewas worzeihens wellest gebban, also das ich es deste frellicher gedar anne gefohen. Nv̊ in der ander naht wart, do wart imme abber in dem schlofe fv́r gehabbet vnd wart imme zv̊ virstonde gebban, also das er das wissan svlte, das an dem xviij dage so wrt ein man van feren fremmeden landen her zv̊ dir kv̊mende vnd wrt sagende alles, das dv in der messen gesehhen hast, vnd das selba das la dir dan abber ein * gewor worzeihen eins geworen v́rkv́ndes sin, vnd dieseme selban man, dem solt dv ŏch folgan vnd gehorsam sin, wanne er sol dich mit der helfe gottes gar wol wisen vnd leren, wie vnd was dv dv̊n solt, das zv̊ cristonme globben geheret vnd das dv getěfe[s]t werdest. Diesan trŏm den hatte dir jv̊de gar liep vnd was sin gar fro, wanne er gedochte: vnd wrt dir dis worzeihan ŏch, so bekennest dv dan zv̊ grvnde wol, das es got van dir habban wil, das dv criston werdest. Nv̊ vil lieban brv̊der, nv sv́llent ir wissan, alles das dir jv̊de in der messen gesehhen hatte, da sv́llent ir wissan, das mir das drige naht nohenander in dem schlofe vir wart gehaben, alles das er in der messan gesehhen hatte, vnd in dem selben schlofe so was mir ŏch, wie neiswas zv̊ mir sprechende wer: stant vf vnd far in die stat vnd frage nach eime schv̊hemacher, der siczet in (der) jv̊den gasse vnd heisset Wernher vnd siczet bi Abberham dem jv̊den; vnd wanne dv zv̊ dem schv̊hemacher kv̊mest, so bit in, das er dir Abberham den jv̊den heisse zv̊ dir kv̊men, vnd wan dan dar gv̊te Abberham zv̊ dir kv̊met, so solt du in zv̊ stv̊nt heimmelliche nem**men vnd solt imme zv̊ eime worzeihen sagan alle die ding, die er in der messen befv̊nden vnd mit sinan liplichan ŏgan gesehhan hatte; vnd wanne dv imme das geseist, sa zv̊ stv̊nt [wrt] so wrt er dir gehorsam

* *GF* 106. ** *NvB* 127.

sinde, vnd wanne er dir gehorsam wrt sinde, so solt dv dan Abberham, vnsern lieben gehorsam frv́nt, nemmen zv̊ eime brv̊der vnd solt dan lv̊gen vnd besehhen, also es dan die ordenvnge heissende ist; also besich, das er dan gedevfet werde, vnd sol sin namme geheissen werden Johannes. Nv̊ wissant, vil lieban brv̊der, do mir diesa ding also gar vil in dem schlofa vir wart gehabet, do gedochte ich: got der mv̊s villihte ettewas in diesen dingan meinnenda sin, vnd gedochthe in mir selber: dv solt diese ding rehte virsv̊chen, villihte mag es sin, das got etthewas mitte meinnende sigge. Also stv̊nt ich rehte in dem nammen gottes vf vnd fv̊r vnweg vnd kam in die stat, do dar jv̊de inne was, vnd ich frogete zv̊ stv̊nt noch eime schv̊hemacher, der heisset Wernher, vnd siczet in der jv̊dengasse; also wart ich zv̊ stv̊nt zv̊ imme gefv́ret; also bat ich den schv̊hemacher, das er mir hiese Abberham den jv̊den zv̊ mir kv̊men, dar hie nohe gesessen ist, vnd den dv wola kenneda bist. Der schv̊hemacher sprach zv̊ stv̊nt: das wil ich rehte gerne dv̊n; * also hies er in kv̊men, vnd er kam ŏch zv̊ stûnt; vnd do er zv̊ mir kam, er hies mich wilkom sin, abber er geborte gar schlechtekliche, abber er wart vnder sima antl(i)cze also wis also ein wisses dv̊ch; abber ich nam in zv̊ stv̊nt an ein ende vnd seithe imme alles, das er gesehhen vnd befv̊nden hatte in der messen; also schire also ich das getet, zv̊ stv̊nt wart, do vmbe fing er mich vnd wart da vnder sime antlicze also rot also ein rottes blv̊t, vnd gab mir darzv̊ das booze an minan bagken van rehtar frĕdan vnd nam mich do zv̊ stv̊nt vnd fv̊rte mich do gar frv́ntliche vnd gar heimmelliche in sina schenna kammer, vnd er rette do mit mir gar fil heimmellicher sachan, vnd wart ŏch reddende vsser der geschrift vnd wart gedenkende do inne cristons glŏban. Also gab mir got vsser

---

* *GF* 107.

30 becze *s. erstes Heft, Anm. zu* V 62, 25

der geschrift zv̊ reddende, also das ich in bewisete dvrch die alt fetter, das er gar vnd ganc glĕbig wart. Nv̊, fil lieban brv̊der, vnd solte ich v́ch alles das schribban in allan sachan vnd alle die redde, die er hatte mit sime wibe vnd mit andern sinnan frv́ndan, vnd ŏch wie es darzv̊ kam, das er getevfet wart, sa, lieban brv̊der, sa wissant, vnd solte ich v́ch das alles geschriban habban van worte zv̊ worta, sa wissant, do hatte ich wola alleina ein ganzes bv̊ch zv̊ bedorft, vnd es * wer darzv̊ nv́t gar nottv́rftig gesin. Lieban brv̊der, das ich es v́ch mit kv̊rzen worten sage, so svllent ir wissan, das dir jv̊de gedĕfet wart vnd kam zv̊ vns heim vnd bat vns gar demv̊tekliche, das wir in nemment zv̊ eime brv̊der; also dotte wir es alle gar mit grosan frĕden gar gerne; vnd imme wart ŏch zv̊ stv̊nt gar ernest vnd gar not noch priesterlicheme ambaht. Also er nv̊ formoles wol geleret was vnd er also minne hatte priester zv̊ werdende, so lerte er, also das er in dem allerersten jare priester wart. Also beschach es zv̊ stv̊nt, do er priester wart, vil lieban brv̊dar, da sv́llant ir wissan, das imma got do zv̊ stv̊nt gar frv́ntliche tet mit vsser mosen also gar fil licht richer frĕdenricher veber nattv́rlicher gobban: die gobban vnd die frĕde, die veber alle sinneliche vir nv̊mft sint vnd van der gnodan nieman follen kv̊meliche [nieman] gesprechen kan noch mag. Wissent, er kam zv̊ mannigen ziten derzv̊, das er virzv́ket wart, also das er van dir zit nút woste, vnd den in den zv́gen do befant er also fil ** frĕdenricher frĕden, van den nv́t zv̊ reddende ist vnd das doheinen menschen zv̊ glŏbende ist, er befv̊nde sin dan. Nv̊, fil lieban brv̊der, nv̊ sv́llent ir wissende sin, das er in dir frĕdenrichen vebernattv́rlichen gnodan wol zwei jor oder ettewas me in veber nattv́rlichen frĕden

* *NvB* 128. ** *GF* 108.

7 sa = so 10 f. nottv́rftig '*ausreichend*' 19 also vaste *SGallen* 30 den zv́gen '*den Verzückungen*'

was gesin, do got do wol bekende was, das es zit was, do beschach es also, das imme got nam alle diesa lv́stlichen grosan befintlichen frěden richen gobban, vnd gab ime der gegene gar vsser mosan gar fil (9[b]) bekorvngen, vnd gab imme ŏch der gar vil in fil mannigfaltiger wisan, die also gar vnsvfer, běse worent, also das schědeliche were, das man dervan fil rette odder darnoch gedechte, also gar fremmede bekorvngen ir ein deil was, vnd ich mv̊ste imme weren, das er dervan den brv̊dern nv́t seithe vnd ŏch nv́t dervan bihthe; abber van der bekorvnge van vnglŏban: die det imme sv́nderlinge we, vnd van der so hatte er wol v̊rlop den brv̊dern zv̊ sagande vnd ŏch darvan zv̊ bihthende. Nv̊ wissant, vil lieban brv̊der, das ich nv́t vil van keinen menschen nie vir nam noch nie gehorte sagan, dem got in sime ersten anne fange also gar grose lv́stliche v̊ber nattv́rliche liehtriche goban gebbenda was, also er imme gap, vnd si imme nv́t die lenge lies vnd imme do zv̊ stv̊nt also gar swere vebvnge dargegene lies annefallen in also gar grosen grv̊welichen bekorvngen. Abber, lieben brv̊der, alles sin lidden das leit er alles samment also gar demv̊tekliche vnd also gar getv́ltekliche vnd also gar semftmv̊tekliche, also das er nie besweret dervan wart * noch nie vngetv́ltig wort darvan gesprach. Abber, lieban brv̊der, do er es also lange geleit vnze an die zit, do got wol woste, das es zit was, do nam er imme alles dis lidden aller dire grosen sweren bekorvngen abba onne alleine die bekorvnge, die do heisset vnkv́schekeit, vnd die selba bekorvnge die hat er noch alle zit also vnmessig gros vnd gar faste vnd fil in gar mannig faltiger vnreiner wisan, do abbe wir wol wissant, das ime gar alzv̊mole we drabbe beschiht; abber er nimmet es gar demv̊tekliche vnd gar gv̊tliche vnd meinnet, er sv́lle es billiche lidden, also

* *NvB* 129.

11 van der] die *SGallen*

er es ŏch wola virschv̊ldet hat, vnd froewet sich in dem liddende der bekorvnge; also eht er imme die bekorvnge des vnglŏben abbegenv̊man hat, darvmbe so meinnet er, so welle er gerne vnd gewillekliche diese vnreine bekorvnge habban vnd liddan dem liddende vnsers heren zv̊ eren, wanne er gar wol bekennede wordan ist, das * lidden sime heren vnd sime gotte gar geneme ist, vnd das der mensche sime gotte vnd sime heren nv́t bas dan durch lidden nochgegon mv̊ge; har vmbe so sprichet er ŏch, vnd hatte er der liddenden bekorvngan nv́t, so hatte er kein lidden vnd mv̊the dan wol v́rschrecken vnd fv́rten, das er zv̊ gotte nv́t gehorte, dar vmbe so hat er liddan liep, wie we das imme in aller siner nattv̊ren beschiht; vnd in dieseme grosan liddende so ist dir brv̊der gar frelliche inne.

Nv̊, vil lieban brv̊der, nv̊ lose ich v́ch wissan van Kv̊nradde, vnserme koche; da wissant, das der fv́nf jor bi vns ist gesin, vnd ist gar in eime strengen vebenden lebbende gesin, vnd hatte ŏch gar grose minne zv̊ dem heilligen sagkermente, gottes lichome. Nv̊ des allerersten jores do er zv̊ vns kam, do befv̊nde wir also gar grose minne in imme zv̊ dem heilligen sackermente, also das er das sagkermente gar gerne gar digke vnd gar fil gerne gehabbet hatte; also twang er vns mit siner grosen minnan, das wir imme alle sv̊nnendage gebban mv̊stent noch des lieban sant Agvstinvs rot. Nv̊, fil lieban brv̊dar, nv̊ sv́llant ir wissan, das es beschach in dieseme nohesten addeventen eins morgens, do die brv̊der in der kapellan warent vnd ir terzige mittenander bettethent, do beschach es, das der koch obbe eime hafene mit mv̊se in der kv́chin bi dem fv́re sas vnd hatte den leffel in der hant vnd sas also vnd

* *GF* 109.

13 fv́rten = fv́rhten 21. 24 sacker(sagker) mente 22 des *SGallen*] das 28 *vielleicht* Agostinvs 30 a. des Jors do man zalt von gottes gebúrt trúczechen hundert Jor und sibenzig Jor und vi Jor *SGallen*

was van imme selber kv̊men vnd was vir zv̊ket, also das er in diese(r) zit nv́t woste, vnd do er lange also sas vnd nv́t rette vnd sich ŏch nv́t reggete, so habbe wir ein kleines * armes knebelin bi imme in dar kv́c(h)in, vnd das nam des koches war vnd rette zv̊ ime, vnd do er also sas vnd nv́t zv̊ ime reddan wolte, do wonde der knabe nv́t, er wer dot, vnd lief balde zv̊ vns in die kappelle vnd weinde vnd sprach: kv̊ment balde, min meister, der koch, siczet in der kv́c(h)in bi dem fv́re vnd ist dot. Also ginge wir balde alle in die kv́c(h)in vnd fv̊ndent in also siczende in der kv́c(h)in obbe eime hafene bi dem fv́re vnd eine(n) leffel in der hant; vnd wir fv́r sv̊thent in, do befv̊nde wir wol, das er van imme selbar genv̊men was vnd fv́r zv́ket was; also wolte wir imme den ** leffel vsser der hant genv̊men habben, also mv̊the er vns nv́t werden; vnd davan er also gar nohe bi dem fv́re sas, do name wir in also sicz̨ende vnd secz(t)ent in hin vs vir die kv́c(h)in vnd liesent in also do siczen also lange, also es got habben wolte, unze das er widder zv̊ imme selber gelosen wrde; abber vnser brv̊der einer der hatte messe gehebet, der mv̊ste van minnen fv́r in kochen, also das wir gosent. Also do es wol vmbe fesperzit wart, do wart der koch widder zv̊ imme selber gelosen. do hette wir gerne gesehhen, das er ettewas gessen hatte; was wir seithent van essende, so was er alles mit groser begirden begerenda, also das man imme vnsern heren gebbe; also veber rette wir in gar kv̊me mit groser not, das er beiten wolte vnze frv̊ge, abber er vnbeis do zwissent nie masses noch trankes vnze frv̊ge, das imme vnser here wart: do wart er do erst lipliche spise essende, vnd was er doch andern halben dag vnd zwo naht onne essen vnd onne trinken gesin. Lieben brv̊der, dis si v́ch geseit van vnserme lieben koche, des spise wir lieber essent dan van

* *NvB* 130. ** *GF* 110.

7 wonde—nv́t *s. erstes Heft, Anm. zu* I 17,32f. 12 seczende

eime andern, vnd wanne er vns nv́t kochen mag, so koche wir abber selber.

Nv̊ vil lieban brv̊der, so habbe wir dan Rv̊preht, vnsern vil lieban diener vnd fv́r sorger, der vns das hus vnd alles das wir hant vir sorgende ist. Mit dieseme so habbe wir zv̊ etthelichar zit ettewas hv̊bescher redde vnd sprechent zv̊ imme: lieber Rv̊preht, wie kv̊met es, das dv nv́t ŏch also heillig bist also vnser koch? so sprichet er: vnd dette ich ŏch also, wer wolte dan die ding vs rihten vnd virsorgan? So redde wir dan etthewas darzv̊ vnd sprechent: obbe dan got wrt zv̊ dir sprechenda, dar koch habbe das besser deil v́rwellet, so sprichet er gar geswinde: got mag dv̊n was er wil, abber eins: vnd hatte Marta gedon, also Maria ir sweister det, vnser here der mv̊ste digke deste vebeler * gessan habban, es wer dan gesin, das er veber die nattv̊re wolte gewrket habben, alse er det mit den fv́nf broten. Alsolliche redde habbe wir gar digke mit Rv̊preht; was wir dan mit imme reddent, so ist er vns allewegent entwr(te)de in einer alsollich gettelichen meinvngen, also das ** ich zv̊ gotte getrv̊we, er si noch siner wisa ein liebar gottes frv́nt, wanne er meinnet vns in also groser gettelicher trv̊wan also sich selber vnd in gettelicher minnen me dan sich selber.

Nv̊ fil lieban brv̊der, nv̊ habbe ich v́ch etthewie fil geschribban van aller vnser brv̊der lebbe(n), vnd wer es nv̊, das ich v́ch van mir selbar nv́t v̊beral schribba, sa mv́thent ir es fillihte nv́t wol vir gv̊t nemmen. Her(10ª)vmba so wil ich etthewas, doch mit kv̊rczen worten, van mir selber schribban; vnd ist mir doch van mir selbe zv̊ schribbende etthewas widder; vnd ist das sache, das ettheliche menschen sint, die ich wol bekennede bin, die sich gestosan vnd geergert hant abbe den wortan, die der liebe sant Påwels in sinan ephisteln geschribban hat, vnd

---

* *NvB* 131. ** *GF* 111.

die selban menschen sprechent: ach, sant Pǎwels der hat es ŏch zů fil gemaht in den worten, do er sich selbar inne růmede was vnd also fil seite alles, was er gelittan hatte. Nů lůgant, lieban brůder, was dorehter důmber vnfůrstandener menschen in diesan serclichen gegenwertigen ziten nů wonnede sint, vnd si sint doch gůte heillige menschen annezůsehhende; harvmbe, lieban brůder, so manne ich úch vnd bitte úch in der minne gottes, das ir úch hútent vor der welte, wanne es nů in fil sachen gar sercliche stot. Lůgant, lieban brůder, sidder das man sich ergert abbe des lieban sant Pǎwels worten, der ein lůters groses lieht was, ein folles fas fŏl minneder demůtikeit, wanne was der liebe sant Pǎwels sprach odder sinan brůdern schreip, das was alles darzů, do die cristenheit annehůp vnd ŏch do not det: darvmbe so schreip er vsser gettelichar minnan vnd meinde sich selber in doheine wise nút, er was in allen sachen minnede vnd meinnede die ere gottes; vnd ich bin glŏbende, vnd hatte men in den selben ziten zů sant Pǎwels gesprochan, also man zů dem lieban sant Johannes badisten sprach, er hatte ŏch dieselban * demůtigen wort gesprochan vnd hatte ŏch gesprochan: ich bin sin nút[, ich bin nút] wrdig, das ich imme sinan schůchrieman annerůren sůlte. Ach, mina fil lieban brůder, ich getrůwe iezent an der welte, also gar sercliche es nů stot, so getrůwe ich ir nút wol; ** wanne wissent, vnd werent ir mich bekennede, ich schribbe úch nút: vnd dovan, lieban brůder, was ich úch schribbe, das nemment nút van mir armen súnder, siner armen vnwrdigen creatůren, ir súllent es nemmen van gotte, in dem alles gůt beschlossen ist. Nů, mina vil lieban brůder, ich kůme gar kůme dar zů vnd es můs doch sin, das

* *GF* 112. ** *NvB* 132.

18 *oder* deheine 23 *von* vnd *ab bis* 80, 7 úrschrecken *elidt SGallen* 24 gesprochan *Joh.* 1, 27

ich van mir selba schriba; nv̊ vil lieban brv̊der, so lose ich v́ch mit kůrzen worten wissan, alles das ich v́ch van vnser brv̊der lebben, ir aller, geschribban habbe, do lose ich v́ch wissan, alles das si gelittan habbent, das selbe, ir aller lidden, das habbe ich alles mit der helfe gottes v́rlitten, abber dergegene so habbe ich ŏch van der gnaden des heilligen geistes befv̊nden alle die vebernattv́rliche frěde, die si alle befv̊nden habbent. Ach, vil lieban brv̊der, der liebe sant Pǎwels der sprach zv̊ der zit, do die cristenheit anne hv̊p vnd ir not det, do sprach er vsser gettelichar minan der cristenheite zv̊ helfa vnd sprach alsvs: ich weis einen menschen, der wart vor xiiij joran fv́r zv́ket in den dirthen himmel, obbe das in dem libbe wera odder onne den lip, das weis ich nv́t, got der weis es wole. Ach, lieban brv̊der, nv̊ mv́t(h)e ich wol van der gnoden gottes wol vffe den selban sin etthewas reddan, so mv̊the man [sich] villihte van den worten sich ergern, vnd globbe ich doch, vnd wer sant Pǎwels noch hie in dar zit, so glŏbe ich in dar rehten worheit, das ich nv́t wrdig wera, das ich imma sinan schv̊ch anne rv̊ren sv̊lte; aber wie diesan dingan sigge, so nimme ich zv̊ der grv̊(n)delosen v́rbermede gottes v̊rlop, lieban brv̊der, vnd spriche das vssar gettelicher minnen zv̊ v́ch vnd spriche also: ich weis einen menschen, der wart vor xxx joran fv́r zv́ket, obbe das in dem libbe wer odder onne den lip, das weis ich nv́t, got der weis es; abber das ich spreche, das der zv̊g wer beschehhen in den dirthen himmel, do weis ich nv́t van, abber ich nimme zv̊ gotte v̊rlop vnd spriche das wol mit worheit, das ich in dem selban zv̊ge befant veber nattv́rliche veber alle sinnelicheit also gar frěliche fremmede wnder, die gar alzv̊mole vnsprecliche sint, wanne das eine, das ich wol mit dem lieban sant Peter gesprochan mv̊the habban:

12 minan = minnan 13 sprach *2. Kor.* 12, 2 34 frěliche = frelliche = frevelliche *vgl. NF* 129, 12. 20 36 gesprochan *Matth.* 17, 4

here, hie ist gv̊t * sin, wanne ich weis anders nv́t, vnd hat got groser frĕde in sime eewigan riche, das weis ich nv́t, er weis es wol, wan ich globbe, vnd hatte ich aller der menschen sinne, die in die zit ie koment, ich ků(n)de nochdan nv́t van der allerminnesten frĕdan nv́t gesagen, die ich in dem zv̊ge befant; abber die zit der grosen frĕden, die was gar geswinde vnd gar ** kv̊rc. Nv̊, lieban brv̊der, nv̊ wart mir in dieseme frĕdenrichen zv̊ge zv̊ virstande gebban, also das ich noch gros lidden vnd we in aller miner nattv̊ren mv̊ste befinden vnd vslidden, vnd des was ich nv́t trv̊rig, noch was mir nv́t leit vnd was sin fro, wanne ich was in dem zv̊ge gar wol gewar wordan, also das got nieman lidden git wanne das der mensche wol getragen mag, obbe er wil, vnd alsollich lidden das git got nieman dan sinan lieban frv́nden, die er wol bekennet, die es van minnen gerne lidden wollent, vnd bi den frv́nden do wil er ŏch selbar sin vnd wil in helfen die bv́rde an dem sweren deil tragen. Ach, vil lieban minne frv́nt, ich fv́rte, ich habbe es zv̊ fil gemaht van mir selbar zv̊ schribande, wanne es mir niena zv̊ sinne was, das ich van mir selbar also vil schribban sv̊lte, wanne mir lieber wer, man befv́nde es noch mime dode; wanne, lieban brv̊der, ich lase v́ch wissan, vnd ist es gottes wille, das min heimmellicher frv́nt lenger in der zit bliben sol dan ich, so wissent, so werdent ir dan erst befinde(n) van worte zv̊ worte alles min lebben, wanne er dan wola befinden sol, do er alles min lebben geschribban findet; vnd beschiht das, so hat er ŏch dan wol v̊rlop, mich vnd die brv̊der zv̊ offenborde vnd minen nammen zv̊ sagende, vnd ŏch e nv́t, es werde dan anders in der cristenheite gonde, also es ŏch wol

---

* *GF* 113. ** *NvB* 133.

21 minne = mine 25 wanne *bis* 78, 10 lieban brv̊der *fehlt in der Abschrift im Kleinen Memorial*

beschehhen mag, vnd es mv̊thent ŏch alsolliche ding beschehhen, also das wir fannander mv̊stent vnd in fv́nf ende der cristenheit geteilet wrdent, vnd ich fv́rsihhe mich, vnd ist es, das es beschiht, das ich zv̊ v́ch wrde kv̊mende. Nv̊, mina vil lieban brv̊der, ich rotte v́ch vsser getteliche minnan vnd vsser aller cristelicher brv̊derlicher trv̊wen, also das ir v́ch haltent einmv̊tekliche vnd abbegescheidenliche van der welte vnd ŏch nv́t vsgont vnder die welt, es sigge dan eine alsolliche reddeliche sache, fan dar ir van ordenvnge wegan vsgon mv̊sent; wanne, vil lieban brv̊der, ir sv̊llent wissen, * das gar kv̊me beschehhen mag, das kein so kleiner vsgang, der do van eigin mv̊twillen beschiht, der vsgang der hv́ndert iemer etthewas eins geworen nohern inganges; har vmbe, lieban brv̊der, so hv̊tent v́ch vor vsgande vnd sint gehorsam da inne vgwern obberdanen, vgwer meisterschaft vgwers ordens. Fil lieban brv̊der, ir sollent v́ch nv́t losan iren, das ir gedenkent odder wennent, das v́ch hv́ndern sol singen vnd lesen vgwer zit in ** dem kore zv̊ dv̊nde, das wissent, das ist nv́t; do wissent, es si lang odder kvrc, das noch ordenvnge beschiht, das sol nieman hv́ndern eins gv̊ten nohern lebbendes; wanne wissent, vil lieban brv̊der, wanne minneliche gewore gehorsam die hv́ndert nv́t der geworen gnoden [nv́t], die vsser dem heilligen geiste fliesende ist, wanne die geworen minnenden gehorsam annebetter, die bittent den fatter anne in dem geiste vnd (10ᵇ) in der worheit; vnd dovan, lieban brv̊der, so lont nv́t vmbe keiner hande sache willen, ir sint gehorsam, wanne wissent, ich bekenne ugwern kŏmedvr wol in der getteliche einfeltigen meinvngen. Also vnd wer es, das es beschehhe, das sinar brv̊der eime eine alsollicha gnode wrde, also das er van der gnoden des heilligen

---

* *GF* 114. ** *NvB* 134.

19 iren = irren 22 do] *lies* so?

geistes berv̊ret wrde vnd veber alle sinneliche virnv̊mft gezogen wrda, beschehhe das vgwar eime, so glŏbe ich wol, das dem kŏmedvr von gotte wol sv̊lte gebban werden, wie er sich dan gegen eime alsollich brv̊der halten sv́lte, vnd das er got liese sina werg wrken, das wer in weller wisan, also es dan got habban wolte. Nv̊ vil lieban brv̊der, ich rotte v́ch, das ir v́ch hv̊tent vor allen wibes namme, wie heillig das si sint, nochdan so hv̊tent v́ch vor irre heimmelicheite; vnd, lieban brv̊der, so ir vnder vgwern brv̊dern sint vnd so die brv̊der etthewas eine frelliche wise haltent, die wol mit gotte geston mag, so sv́llent ir einen sv̊sen semftmv̊tigen minnelichen wandel vnder in habben, nv́t sv̊r sehhen, also das ir in nv́t eine bv́rde sint, vnd lerent alle ding in dem mittel halten. Vnd, lieban brv̊der, hv̊tent v́ch vor der welte, so habbent ir mit gotte gar gv̊t dv̊n; wanne wissent, das ich beger an v́ch, also das ir mit groseme erneste war nemmet, wie gar sercliche es nv̊ in diesen serclichen gegenwertigen ziten in allen sachen stot, bedde in weltlichen vnd geislichen. Lieban brv̊der, lobbent got, * das er v́ch in fil sachen vor der vebellonden welte behv̊t hat, vnd nemment got vnd sinne frv́nt nv̊ zv̊ helfe vnd hv̊tent nv́mehin vgwer selbes, das dv̊t v́ch not; vnd wellent ir, so habbent ir nv̊ gv̊te helfe van gotte vnd van sinan creatv̊ren; dar van sint gotte dangber vnd gedenkent, lieban brv̊der, was v́ch der liebe milte getrv̊we got gv̊tes in diesen gegenwertigen serclichen zitan geton hat. Nv̊, lieban brv̊der, sehhent zv̊ v́ch selbar vnd gedenkent, was v́ch der milte got [v́ch] sv́nderlinge fv́r lv̊hen vnd gebban hat, obbe das es eht beschiht, das ir es selber ** mit vgwerme eigin friggen willen v́ch selber behaben wellent; vnd die meinvnge die ist also, das ir gedenken svllent, was

---

* *GF* 115. * *NvB* 135.

10 brůdern, *darnach* sint *ausradiert* 23 vebellenden 27 dar] dan

v́ch vnser lieber herre vnd vnser got grosas gv̊tes zv̊gefv̊get hat, das v́ch noch vnbekant ist, vnd sin ŏch nv́t dangber sint also ir soltent, vnd das ist, das v́ch got zv̊gefv̊get hat zv̊ einer gv̊tan gettelichan friddelichen gesellescharft, die in diesan sercliehen zitan nv̊ fremmede ist, vnd hant darzv̊ eine alzv̊mole nattv́rliche lv́stliche herberge vnd och da inne [ŏch] ieder brv̊der sin sv̊nders schennes schlafgaddem, vnd dan darzv̊ ieder brv̊der, dar es vor gotte eht gettar genemmen, der sin gnv̊g hat essendes vnd trinkendes. Ach, vil lieban brv̊der, es ist zv̊ fv́rthende vnd zv̊ glŏbende, weller brv̊der vnder v́ch were, der diese ding nv́t gar gresliche in groser dangberkeit van gotte nemmede were, wer der brv̊der vnder v́ch were, der mv̊the sich sin gar wol gar gresliche v́rschreckende sin; wanne wissent, weller brv̊der der vnder v́ch ist vnd dis van gotte nv́t dangberliche nimmet, das ist zv̊ fv́rthende vnd zv̊ glŏbende, das gar wening alzv̊mole gettelichar minnan in imme nv́t vnist. Ach, vil lieban brv̊der, vnd wer es der willa gottes, so wer es mir gar liep, weller brv̊der der vnder v́ch were, der minne do zv̊ hatte, das er gerne eine zit bi vnsern brv̊dern, vnser geselleschaft, wonnen solte, weller brv̊der das were, der minne darzv̊ hatte, wer das der wille gottes, ich neme es vir gros irders gv̊t, also das er eine zit bi vns wonnen solte, wanne ich glŏbe, das er gresliche darvan gebessert mv̊the werdan; wanne wissent, alle vnser brv̊der die habbent alle zv̊sammene alle vsser gettelicher minnen alle eina minna vnd sint alle ir herzen in gettelicher minnen zv̊sammene vnd innander geflossen, rehthe also obbe das si * ein herze werent vnd ein herze mittenander habbant; vnd wissant, vnser brv̊der die habbent sich in getteliche minne also gar diefe virdiefet vnd

* *GF* 116.

2 ist] sint 10 der = daz er? 26 irders *s. S.* 33,11 *Lesa.*

habbent sich gotte also gar zv̊ grv̊nde gelosen, bedde in zit vnd in eewikeit, vnd si sint alles ires willen willos wordan vnd sint also gar vereinbert mit gotte worden, also das man wol in ettelicher wisen sprechen (mag), si werent in der zit onne die zit, wanne alles das got lot fallen in der zit, das si sv̊r, es si sv̊se, es dv̊n wol, es dv̊n we, wie swere das got lot fallen, das sigge in weller wisa das welle, das nemment die brv̊der alles van gotte vnd sint zv̊ allen ziten got lobbende vnd dankende vmba alle * sinne werg, vnd wie we das den brv̊der(n) in der nattv̊ren beschiht, so sint si nv́t trv́rig, si sint alle zit frelliche, wann si befindent fridde vnd frěde in dem heilligen geiste. Abber wissant, lieban brv̊der, dar heillige geist der lot nv́t, er kv̊met zv̊ ettelichen ziten vnd wrfet in in das sv̊se essich vnd galle, vnd do inne hant si sich also gar zv̊ grv̊nde wol inne zv̊ losende vnd zv̊ liddende, also das in leit wer, das es anders were, vnd liddent es gar gerne, wanne si wol bekennede sint, das in ir hŏbet vnd herze dvrch bitter lidden vor dvrchgangan ist; harvmbe wie es got lot gon, so get es in alwegent wol, vnd harvmbe so habbent vnser brv̊der in allen sachen gar alzv̊mole vnbekv́mberte herzen vnd sint ŏch domitte also gar gv̊tig sv̊ses semftmv̊tiges wandels, vnd wer si anne sehhe vnd sehhe ir minnelichen demv̊tigen frellichen wandel, wer der mensche were, vnd wer den v́t gv̊tes in imme, so ist zv̊ glŏbende, das es kv̊me mv̊the gesin, er wrde iemer ettewas begnodet van ires gettelichen wandels wegan. Abber ir sv́llant wissan, wan es beschiht also, das fremmede personen zv̊ vns kv̊ment, dar noch dan die personen sint, dar noch so haltent sich ŏch die brv̊der, vnd haltent sich ŏch in einer mittellichen schlechten wisan, also das nieman anders van den brv̊dern haltende sigge wanne das es einfeltige gv̊te schlechte cristonbrv̊der sint.

* *NvB* 136.

20 herre 29 er] *lies* ern?

Vnd das wissent, das wir alle das glŏbende sint, das die brv̊der der welte vnbekant sv̊llant bliban vnze an die zit, also das got etthewas, das noch fv́rborgen ist, wrkende wrt; vnd wanne er ŏch das detthe, so mv̊the es dan wol beschehhen, das wir hervs mv̊stent, vnd einer bi dem andern nv́t bliben mv̊the vnd an fv́nf ende der cristenheit gedeilet wrde; vnd wer es, das es beschehhe, so mv̊the es wol beschehhen, * das ich in ugwer lant kv̊mende wrde. Ach, lieban brv̊der, v́rmannet got sinar grv̊(n)delosen v́rbermede, das er sich in diesan gegenwertigen ziten veber die cristenheit v́rbarmen welle; wanne wissent, die frv́nde gottes die sint ettewas in getrenge, abber was drv̊s werden wil, das wissent si nv́t, got der weis es wol. Harvmbe, vil lieban brv̊der, so beger ich an v́ch vsser aller gettelicher minan, also das ir lerent fehthen vnd strittan (11[a]) vnder Cristvs banner vnze an die zit, das ir kv̊ne ritter werdent vnd vnder sinar bannier also lange strittent vnze an die zit, das ir alle vntv́genda veberwindent vnd alle tv́gende vgwer wesan werdant, vnd dis mag nv́t gesin one gros stritten widder den dv́ffel, widder das fleis vnd widder die welt. Vnd, vil lieban brv̊der, nv́t lont v́ch dis getteliche ** strittan swere sin, wanne wissant, das ich glŏbe, das es in ettelicher wisan beschach, das dehein mensche in der zit ie wart, das in also gar groseme strengen liddende der vnreinen grosan bekorvngan ist gesin also der liebe sant Pǎwels was, vnd es ist darzv̊ ettewas zv̊ glŏbende, das er noch der getot ein reiner man was, vnd fv́rhing doch got dis grose vnreine lidden veber in, vnd der liebe got der tet es darvmbe also, das er sich der grosen offenbarvnge, die imme got selbar geoffenbaret hatte, nv́t vebberhabben solte vnd in demv̊tikeit blibe; nv̊ was der liebe sant Pǎwels ettewie fil zites nv́t bekennede,

* *GF* 117. ** *NvB* 137.

7 vnd an *bis* 8 wrde *mit Strich umzogen*, *vgl.* 74, 2 f.

das die liddende vnreine bekorvnge also gar nv́cze vnd frv̊htber solte sin, vnd dovan er das noch do nv́t bekennede was, harvmbe so bat sant Pǎwels got zv̊ driggen molen, das er imme die bekorvnge abba nemma; vnser liebar herre der entwrte sant Pǎwelse vnd sprach: Pǎwelle, lo dir genv̊gen mit minner gnodan. Ach, vil lieban mina brv̊dar, nv̊ nemment mit groseme erneste war der minnen richen grosen sv̊sen worte, die vnser lieber herre sprach zv̊ sante Pǎwelse: der grosen worte sich gar wol vnd billiche froewen sv́llent alle die menschen, den got die gnode gedon hat vnd in ǒch die grose vnreine bekorvnge vir lv̊hen hat, also er si dem lieben sant Pǎwelse lech, wanne got selber zv̊ imme sprach: Pǎwelle, lo dir genv̊gen mit minner gnoden. Sidder dan nv̊ got ist mit sinner gnoden in der liddenden grosen bekorvngen, warvmb ist es dan, das wir die bekorvngen also gar vngerne liddan wellent? wanne wissent, welle menschen diese grose gnode van gotte nv́t dangberliche * nemment vnd die bekorvnge nv́t gewillekliche liddent, das wol ein gewor zeihen mag sin, das der liebe got nv́t ir gemahel noch ir herzeliep ist; wanne wer es, das der liebe got vnser herzeliep were, so sehhe wir ǒch gar gerne vnser herzeliep bi vns vnd mit vns in der liddenden bekorvngen. Ach, wie mv̊the wir vns vor gotte so rehte wol schammen, das wir wol merkende sint, vnd ist es, das ein mensche mit der triegenden falschen welte vmbeget, vnd ist es dan, das der selben menschen eins ein fleislich liep nv̊went annesiht, so dv̊nket es nv́t, sin herze si v́rfroewet van eime alsollichen vnreinen detlichen stinkenden kwotsagke! Ach, lieban brv̊der, warvmbe sv́lte wir vns dan nv́t gar vsser mosen sere froewende sin, so wir got vnser herzeliep vnd vnser sellen frěde selp selber gewar

---

* *GF* 118.

6 *2. Kor.* 12, 9   31 dv̊nket—nv́t, *s. erstes Heft, Anm. zu* I 17, 22 f.

werdent vnd befintliche befindent dvrch sine frv̊htbere gnode, die wir do befindent in der liddenden bekorvnge? Ach, lieban brv̊der, vnd wer vns rehthe, wir * sv̊ltent nv́t alles das irdersche gv̊t nemmen, das vf ertriche were, vir die lidden(de) bekorvngen; wanne, lieben brv̊der, wer sich findet onne alles lidden, der mag sich sin wol v́rschrecken; der liebe getrv̊we sant Pǎwels, der schreip sinan brv̊dern alsvs vnd was si do inne etthewas gv̊tliche stroffende vnd sprach alsvs zv̊ in: ir lieban brv̊der, ir habbet noch nv́t vnze an das blv̊t widderstanden; vnd sprach: strittent widder die sv́nde, vnd habbent ir fv́rgessen des trostes, den got zv̊ v́ch gesprochen hat also zv̊ sinan lieban kindan? vnd sprach: kint mins, dv solt nv́t virwerfen die zv́tigvnge dins heren, vnd dich sol ǒch nv́t betrv̊ben so er dich stroffet, wan wen got minnet, den kestiget er, vnd den er zv̊ eime sv̊ne vnphohet den geiselt er; vnd sprichet dan: nv̊ sint stette an siner stroffvnge, so v́rzěget sich got also sinan kinden; vnd sprichet dan: wo ist ein sv̊n, den sin fatter nv́t strofet? Abber sprichet er: sint ir vsserhalp siner stroffvngen, was sint ir den deilhaftig? ir sint nv́t deilhaftig also erben, me also vnerben. Ach, lieben brv̊der, nemment dir worte mit groseme flise vnd erneste war, die der liebe sant Pǎwels sinen brv̊dern schreip vnd wie gar getrv̊weliche er si wisete vnd lerte, bedde mit worten vnd mit werken, vnd in in allen sachen zv̊ helfe kam vnd det allen sinen rot vnd alles sin fv́rmv̊gen dozv̊, das si in rehter gettelicher bekantnisse blibbent vnd ǒch das si deste gerner die liddende bekorvnge in dem dode vnsers heren deste gerner vnd deste ** gewilleklicher littent; wanne, lieban brv̊der, ir

---

* *NvB* 138. ** *GF* 119.

10 *Hebr.* 12, 4 11 *ebenda* 12 *Hebr.* 12, 5 14 *Hebr.* 12, 5. 6 15 zv́tigvnge = zühtigunge 17 er *nach* kestiget *steht zweimal, das zweite Mal im Zeileneingang und dann getilgt* 18 *u.* 20 *Hebr.* 12, 7 21 *Hebr.* 12, 8

sv́llent wissan, vnd hatte der liebe sant Pǎwels nv́t befv̊ndan, was frv̊htber gnodan man in der grosan bekorvnge [man] findet, er hatte es sinan brv̊dern nie also sv̊se gemaht, wanne der liebe sant Pǎwels der hatte van gotte wol das wort geheret, das er sprach: Pǎwele, lo dir gnv̊gen mit miner gnoden; dernoch do gesties der liebe sant Pǎwels der liddenden gnoden nie me abbe, wanne das er si gerne habben wolthe.

Auf der letzten freien Seite des sogenannten Autographs Bl. 11[b] bietet das Briefbuch dann noch folgenden Zusatz (s. das Faksimile bei Rieder, Taf. 3[a]):

* Dis ist daz bůch, daz vnser lieber vatter, der grosse heilige gottes frúnt in Oberlant, Růleman Merswines vnsers lieben stifters seligen heimelicher geselle, mit sin selbes hant selber geschriben het von aller siner brůder leben, vnder den er der fv́nfte gewesen ist, der zů húnderst in diseme bůche geschriben stot. vnd wie wol dis bůch dicke vnd vil abe geschriben ist, vnd wir es ouch selber zwivaltekliche zů Thútzsche vnd zů latine mit texte geschrift in zweigen wol gebundenen gůten bůcheren geschriben hant, noch danne so sol dis gegenwertige bappirine bůch, sin selbes geschrift, vf diser hofestat zů dem Grůnenwerde ewekliche bliben vnd gar erwúrdekliche gehalten werden, glich eime grossen heiltůme zů eime ewigen vrkúnde, do bi wir und alle vnsere nachkommen ewekliche gemanet werdent an die fruhtbere grosse gnode vnd wúrdikeit dis huses zů dem Grůnenwerde vnd an die getruwen fúrsprechen, die wir an in vor gotte in ** himmele hant; wanne sú hie vf ertriche vnsere lieben súnderlichen frúnde vnd vettere gewesen sint in go̊ttelicher minnen vnd in brůderlicher truwen, darús sú vns dis vnd vil anderre gůter gebesserlicher exemplar in lere dicke geschriben hant, der wir billiche niemer vergessen so̊llent; so mag vns grosse iemerwerende ewige fruht dardurch volgen, obe

---

* *GF* 119. *NvB* IXf. *Rieder* 71*, 28. ** *Rieder* 72*.

6 *2. Kor.* 12, 9 8 gnoden] bekorunge *SGallen* 21 *im ersten lat. und im Kleinen deutschen Memorial.*

wir selber wellent. ouch stot in diseme gegenwertigen Bappirinen bůche ettewie vil heimlicher rede vnd artickele, die in keime bůche niergent anderswo geschriben sint, wenne sú niemanne zů gehôrent denne alleine nuwent dem húse vnd den brůderen hie zů dem Grůnenwerde; vnd were ouch nút gůt, daz sú ieman anders lese, der nút zů dem huse gehôret. es het ouch der liebe frúnt gottes in Oberlant, vnser getruwer vatter, nút also gemeinet, vnd er * befalch es ouch súnderliche mit groseme erneste in eime briefe, daz men dis gegenwertige bůch abe solte schriben vnd die selben heimelichen artickele alle vsse liesse, also daz sú niemanne frômedes zů lesende wúrdent.

* *GF* 120.

11 vsse *vgl. S.* 73, 25 *Lesa.*

Berichtigungen und Ergänzungen.

Die Korrektur des ersten und zweiten Bogens musste ich, vom Wohnort abwesend, unter ungünstigen Verhältnissen besorgen; ich bitte die folgenden Berichtigungen und Ergänzungen damit entschuldigen zu wollen.

Es ist zu lesen 4, 5 geton; 9 dage; 12, 20 krangheit; 13, 18 *nach* nvͮt: abber was dis was, das weis ich nvͮt, got der weis es wol, (abber); 14, 20 jor; 34 heillige; 18, 28 befant; 19, 4 *nach* kv̊ndent: noch alle zv̊ngen follenkv̊mmenliche gesprechen kv̊ndent; 21, 5 van; 22, 5 sachen; 6 was; 7 abber; 23, 7 gnoden got mit; 24, 18 gescheczen; 25, 1 er mir es; 26, 7 *nach* alsollicher: einfeltiger erberkeit also ein erber criston man in einer alsollicher; 11 nvͮmme; 35 wor; 31, 25 wissant; 32, 2 *nach* got: alle abbegenv̊men vnze an die eine bekorvnge die do heisset vnkvͮschekeit, vnd die vnreine bekorvnge die hat ime ŏch got; 32, 3 *das Zitat der Anm. bezieht sich auf das erste Heft.*

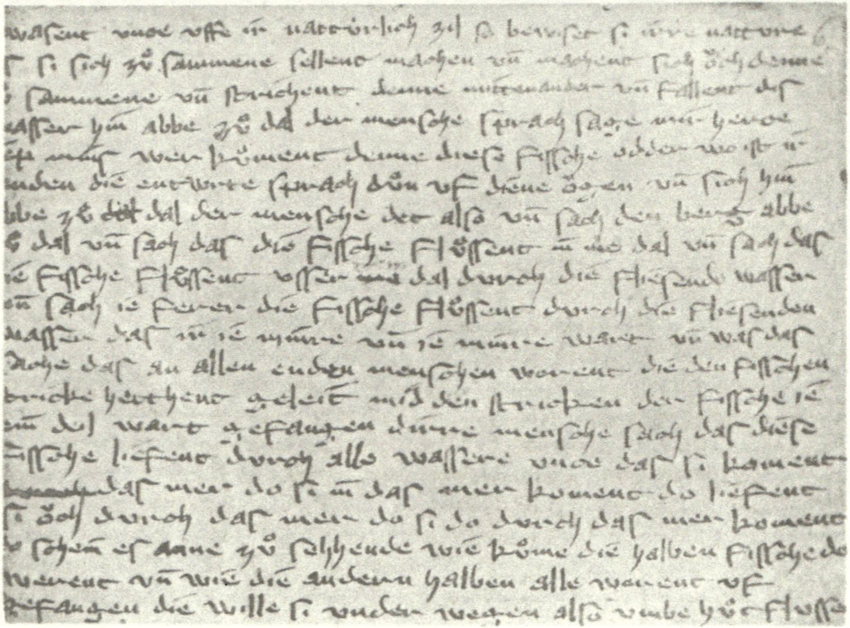

Tafel I.

Bl. 6[a] (Schmidt, NF 11, 20—12, 4) aus dem sogenannten Neun Felsen-Autograph (mit gütiger Erlaubnis des Universitäts-Verlages Wagner, Innsbruck, aus K. Rieder, Der Gottesfreund vom Oberland 1905, Tafel 4, übernommen).

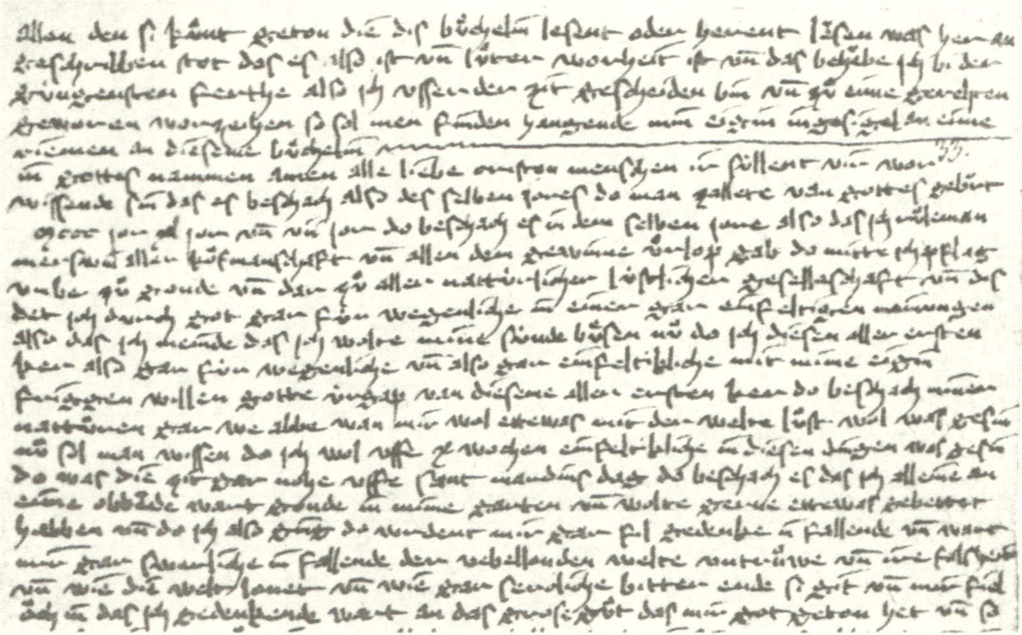

Tafel II.

Bl. 33ª (Neudruck S. 3, 1—34) aus dem sogenannten Autograph der Vier Jahre (nach Jundt, Rulman Merswin, Paris 1890, Tafel 1).

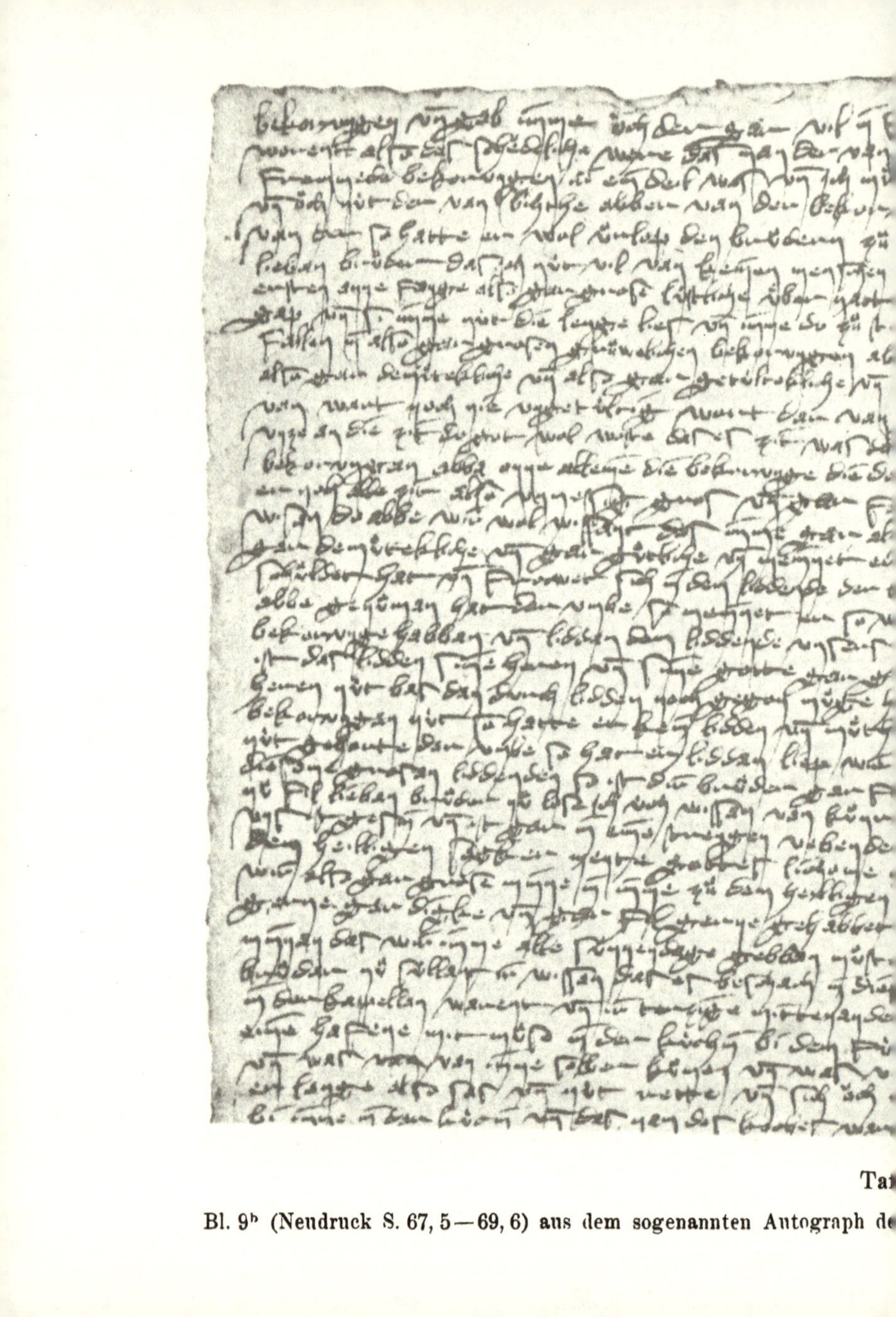

Ta

Bl. 9^b (Neudruck S. 67, 5—69, 6) aus dem sogenannten Autograph d

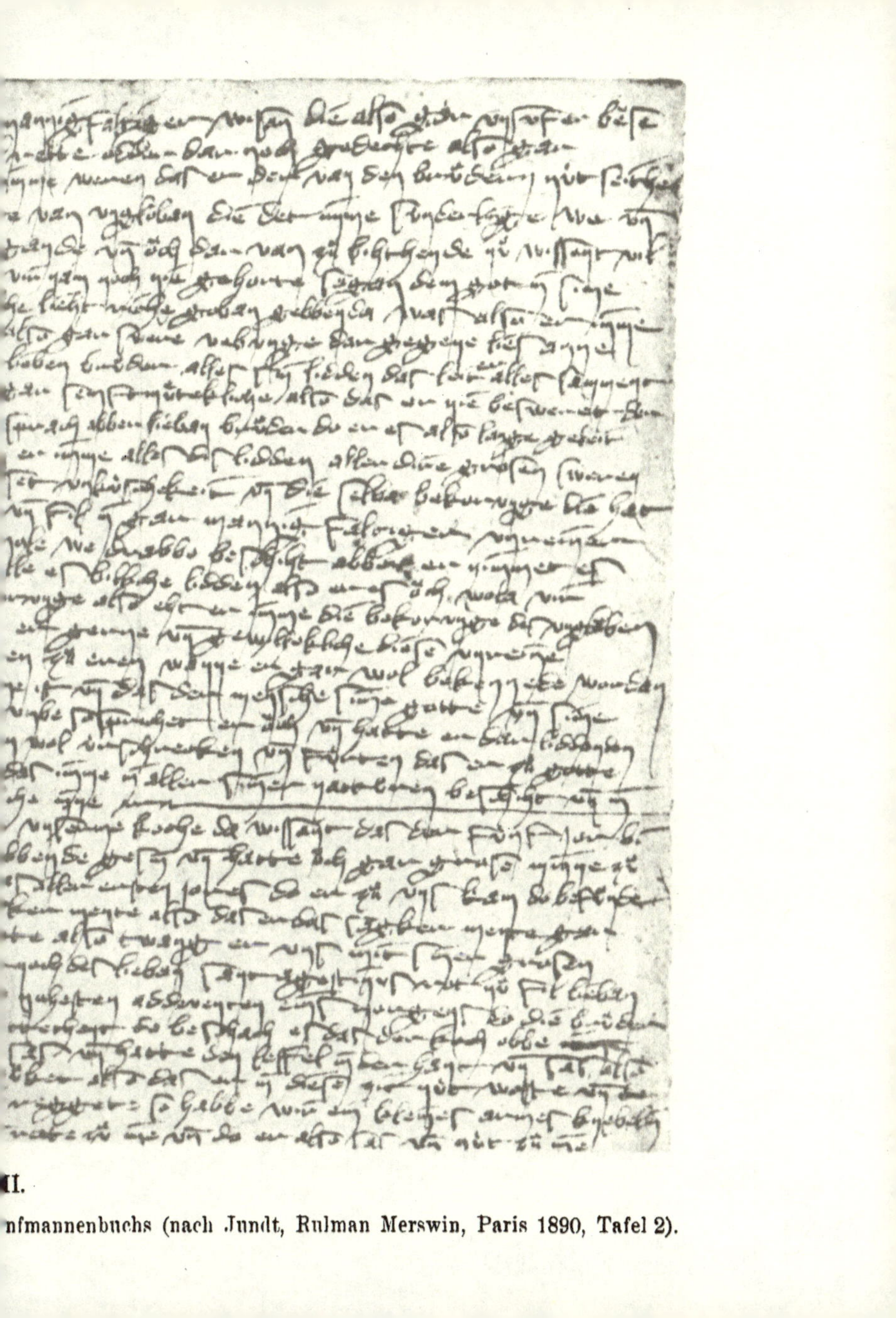

II.

nfmannenbuchs (nach Jundt, Rulman Merswin, Paris 1890, Tafel 2).

www.ingramcontent.com/pod-product-compliance
Lightning Source LLC
LaVergne TN
LVHW051013080826
845145LV00009B/2594

9783110484052